CÓMO DESCUBRIR TU PROPÓSITO EN LA VIDA

Sencillos Pasos para Saber Exactamente que es lo que Tienes que Hacer para Encontrar tu Verdadera Misión en este Mundo

NATHANIEL DAVIDS

Índice

Introducción   vii

1. Descubre Tus Creencias   1
2. Introducción Al Ikigai   9
3. Conoce Tu Tipo De Personalidad   25
4. Encuentra Tu Pasión   45
5. ¿En Qué Eres Bueno?   57
6. ¿Qué Te Hace Enojar?   67
7. Introducción Al Mindfulness   77
8. Cómo Transformar Tu Pasión En Una Carrera   105
9. Enfrentándote A Tus Miedos   115
10. Prueba Nuevas Cosas   127
11. Has Encontrado Tu Pasión, ¿Ahora Qué?   135
12. Las Preguntas Para Hacerte Una Y Otra Vez   147
Conclusión   155

Introducción

Seguramente has conocido a alguien quien desborda pasión en todo lo que hace porque ha encontrado su propósito en la vida. Y piensas en lo afortunado y pleno que parece su vida. ¿Has pensado que te gustaría estar en su lugar?

Definitivamente has elegido el libro correcto. Si sigues nuestras instrucciones paso por paso seguramente estarás donde quieres al final de tu lectura. Aquí podrás aprender a cómo superar tus miedo y pensar en positivo cuando aquellos ese lado negativo de ti mismo salga a la superficie para comenzar a inventar razones sin sentido por las que no deberías intentar algo, o por las que no eres lo suficientemente bueno. ¿Te gustaría volver realidad tus sueños? ¿Te cuesta saber por dónde empezar? Averigua como conseguirlo a través de este libro.

Este es el momento para dejar de procrastinar y hacer por fin algo por ti mismo para lograr eso siempre que has querido.

Muchas personas han tocado fondo en sus vidas y han logrado salir de eso. Esas personas, probablemente durante su juventud, estaban viviendo una vida de la que no se sentían orgullosos, y luego, por medio de sus experiencias de vida y la construcción de su futuro, finalmente encontraron su pasión. Es justo en lo que te ayudará este libro. A través de la búsqueda de tus creencias y talentos, descubrirás cuál es tu pasión. El objetivo es ayuda a personas como tú a descubrir sus metas y motivarlos para conseguir esa vida que tanto han querido. Lo que te proponemos es un cambio de paradigma, ver tus experiencias de vida desde otra perspectiva podrás aprender lo que es vivir una vida satisfactoria.

¿Te sientes cansado y aburrido de tu rutina diaria actual?

Madrugar todas las mañanas para prepararte para el trabajo, ir al trabajo, y luego llegar a casa agotada pero con otros pendientes por hacer que no te dejan descansar inmediatamente. Si esto te parece familiar, entonces no podías elegir mejor momento para comenzar con este libro. Podrás encontrar todos los quién, dónde, por qué y cómo vivir apasionadamente. Te brindaremos varias estrategias para encontrar tus pasiones.

Si pones en práctica estas habilidades, en un futuro cercano podrás disfrutar de las alegrías de una vida abundante y llena de pasión.

¿Cómo usar este libro? Este libro está diseñado con una serie de capítulos que te pedirán llevar apuntes. Así que de una vez, toma un bolígrafo y una libreta o bloc de notas para plasmar tus aprendizajes y responder a las preguntas de forma eficaz hasta el final. No te detengas si comienzas a sentirte incomodo, eso es buena señal de un avance y cambio en tu persona. La incomodidad es cuando hemos llegado a la autorreflexión. Escribe sin prejuicios ni critica. Deja que todo pensamiento se quede en el papel. En el apéndice, al final de este libro, encontrarás una lista de preguntas.

La pasión se define como un fuerte deseo que puede motivarnos a hacer cosas increíbles

La pasión no es nada sin la acción, es una emoción sobre la que se tiene que actuar. La pasión es el combustible en el fuego de la acción. Cuando tienes pasión por algo, lo amas incluso cuando lo odias.

Seguro te estarás preguntando ¿Qué es la pasión y cómo podemos descubrir las propias? ¿Cómo las ponemos en práctica una vez que las reconocemos? Un deseo alimentado por la pasión dará los mejores resultados en la vida.

El ciclismo a montaña me gusta, pero no tengo la determinación necesaria para esforzarme para ponerme en riesgo de romperme algunos huesos y terminar en el hospital. Por eso nunca me he atrevido a intentarlo. No me apasiona.

Incluso en los momentos difíciles, la pasión puede ser aquel motor que te empuje a ser mejor sin importar lo que cueste. Todos tenemos la capacidad de crear el tipo de vida que queramos. El secreto para vivir el sueño se esconde en nuestras pasiones y en lo que hacemos gracias a ellas.

Ahora que hemos establecido lo que es pasión. ¿Cómo descubrir lo que me apasiona? Encontrar nuestras pasiones es un viaje de autoconocimiento. No es un viaje corto ni sencillo, así que no te sientas mal si todavía no las has encontrado. No dejes de probar cosas nuevas. Siempre llega el momento, incluso si tienes que construirlo. Si encuentras tu pasión, o te encuentras tras su pista, no la abandones.

Otro escenario es que sabes lo que te apasiona pero aún no haces nada al respecto. Este es el principal problema de la pasión. Puedes tener toda la pasión del mundo por algo, pero si nunca haces nada al respecto, esa pasión es inútil.

Puede que ahora tengas un trabajo que te provee monetariamente, pero que no te da el tiempo para seguir tu verdadera pasión. Temes lo que pueda suceder si cambias las cosas. Es normal, a todos nos ha dado miedo el cambio en algún momento de nuestra vida, pero no es hasta que salimos de nuestra zona de confort cuando encontramos lo que nos hemos estado perdiendo.

Recuerda: Tú eres el auto de tu vida. No te conformes con lo mínimo o aquello que te da seguridad pero no te apasiona. Nunca sabrás hasta donde puedes llegar si ni siquiera lo intentas.

Sin embargo, incluso al perseguir tu pasión te puedes encontrar con algunos fracasos y otros obstáculos. No debes permitir que eso te afecte y sobre todo, te frene.

Esto le sucede a todo quien decide seguir sus pasiones. Nelson Mandela tenía una gran pasión para cambiar la realidad social, política y económica que vivía las personas afroamericanas. ¿Crees que dejó que unos cuantos fracasos le impidieron hacerlo? No dejes que los obstáculos te desanimen.

¿Qué sucede con la pasión por las personas? Si, la pasión también se aplica a las personas. Muchos cometen el error de querer mucho a alguien y no hacer nada al respecto.

El amor es la muerte del ego, por ello a algunas personas les cuesta demostrar sus sentimientos románticos hacia otra persona. ¿Acaso vale la pena renunciar a mi orgullo para mantener una relación? ¿Y ser desinteresado y sacrificar tu tiempo y tu comodidad? Si no eres capaz de hacer eso, probablemente no es amor real, o necesitas empezar a hacer cambios.

Nunca debemos dar por sentado a las cosas o las personas, debemos recordar de vez en cuando a quien amamos y actuar en consecuencia. Es muy sencillo permitir que las relaciones en general se debiliten por culpa del orgullo. Por ejemplo, con la familia, dices que la amas, pero cuando tu hermana participa en la feria de ciencias del colegio, pero a ti te parece un evento súper aburrido, ¿vas?

Sucede lo mismo con las relaciones íntimas. ¿Sólo intentar amar cuando es muy sencillo? El verdadero amor requiere esfuerzo y trabajo constante. Todo momento difícil se supera porque se les quiere y se comprende que toda pasión que se persiga tendrá algunas piedras en el camino. Lamentablemente, muchos no conocen lo que es tener pasión por alguien. Por eso los índices de divorcio son tan elevados y las familias suelen quedar destrozadas por los sentimientos heridos y el drama innecesario.

Ir detrás de cualquier pasión requiere vulnerabilidad y trabajo.

Sin embargo, puedes estar seguro que, todo resultado de ese esfuerzo será el más valioso para tu vida.

4 cosas que debes saber para encontrar tu pasión

1. *La pasión es lo que te gusta hacer*: La pasión es aquella emoción o deseo que tienes por algo o por alguien. Es todo aquello que te gusta hacer, incluso te puedes perder en ello y tiempo cesa, te atrae instintivamente, sientas gran satisfacción y/o es algo a lo que puedes dar un SI rotundo si te dan el tiempo y la oportunidad.

2. *La pasión es energía:* La pasión es la chispa que prende y alimenta el fuego de la inspiración, también nos abre muchas puertas y nos brinda la motivación para atender las necesidades que nos rodean. Hacer lo que nos entusiasma en la vida simplemente no llena de una luz cálida. Cuando haces lo que está alineado con lo que eres, obtienes energía de ello. Te sientes motivado para salir de la cama y perseguirlo y te da algo que esperar.

3. *La pasión tiene que ver con la búsqueda, la perseverancia y la progresión (¡Acción!):* Las personas apasionadas simplemente HACEN lo que les gusta, esa energía que sienten los lleva a la acción. Siempre van detrás de sus pasiones y se comprometen a lograr sus metas.

Siguen su camino con tal determinación que ni el dolor, el fracaso o la decepción, los detiene. La razón es que porque realmente les encanta y no pueden imaginar su vida sin eso o porque no quieren rendirse en lograr su objetivo, mejorar su rendimiento o buscan un resultado o impacto deseado. Si combinas perseverancia y deseo en la persecución de tus pasiones podrás ponerte en acción. No es posible escribir dar clases sin preparar o estudiar sobre el tema, correr un maratón sin entrenar o dirigir un negocio sin dedicarle tiempo. Para "hacerlo realidad" se necesita estar dispuesto a poner tiempo y energía en ello.

4. *La pasión puede llevarte a tu propósito*: Encontrar tu propósito es estar en contacto con quien eres y hacer las cosas para las que has sido llamado, dotado o creado de forma única. Desde mi punto de vista, el propósito es tomas esas cosas que amas (o tus pasiones), en conjunto con tus habilidades y talentos y tomar acciones para satisfacer una necesidad, proporcionar un servicio o perseguir una oportunidad. Ir detrás de tu pasión puede llevarte a tu propósito y como resultado te sientes realizado, lo que contribuye a un impacto positivo en el mundo.

Bueno, te invito a respirar profundamente, porque estas a punto de descubrir tu pasión y tu propósito. Cuanto te sientas listo, pasa a la siguiente página y emprendamos este viaje de autodescubrimiento.

Descubre Tus Creencias

NUESTRAS CREENCIAS SON nuestros juicios internos, esa percepción sobre nosotros mismos. Es aquello que nos da la certeza de lo que creemos falso o verdadero. Las creencias se encuentran enraizadas a nosotros, así como la moral. Una creencia es mental, espiritual y sentimental.

Tus creencias motivan tus acciones y te impulsa hacia tus ambiciones. Por ejemplo, creer en una causa te hará querer defenderla. Si crees en alguna deidad, juras por ella. Si crees en ciertas personas, las apoyas. Creer es actuar.

¿Esto re resulta familiar? ¿Crees en tu mismo? Este libro será una guía para ayudarte a llegar a donde necesitas estar.

Partiremos por reflexionar sobre esas creencias limitantes que todo mundo tiene o ha tenido en su vida. Te ayudaremos a identificar qué es lo que te hace sentir impotente para ir detrás de tus pasiones, podrás comenzar a trabajar en lo que te motiva hacia la vida. Es momento de recuperar el control y creer que te mereces algo mejor.

Sustituir las creencias limitantes

Las creencias limitantes nos reducen la posibilidad de llevar la vida que queremos y merecemos. Nos limitan a ser felices. Repasaremos algunas creencias limitantes más comunes que pueden impedirte perseguir lo que realmente quieres, y cómo ir cambiando ese chip para dar espacio a nuevas creencias que nos vayan encaminando hacia una vida más positiva.

1. *"No soy único".* Nueva creencia: Estar a cargo de mi vida me hace único. Durante el día tenemos miles de pensamientos y lo creas o no, la mayoría de ellos son cosas negativas sobre nosotros mismos. Y si nuestra autoestima no se encuentra en unos niveles muy altos, seguramente escucharemos esos pensamientos negativos y nos lo creeremos. Tú eres único. Si pensamos lo contrario,

quiere decir que estamos comparando nuestra vida con la de los demás. Esos pensamientos se pueden combatir sabiendo que tu vida es tuya para vivirla, de nadie más. Mira a tu alrededor, agrade todo aquello que tienes ahora y entiende que siempre hay miles perspectivas de una situación negativa, solo necesitas ver su lado positivo. El único jefe de tu vida, eres tú mismo. Las siguientes preguntas pueden conducir a la reflexión de tus pensamientos: ¿Escucho activamente? ¿Soy empático? ¿Soy una persona amable? ¿Me esfuerzo por hacer el bien a los demás? ¿Tengo metas y aspiraciones? Si has contestado afirmativamente a la mayoría de estas preguntas o a todas, déjame decirte que, mi querido lector, eres único, y estas respuestas deberían resonar en tu mente.

2. *"No sé lo que quiero"*. Nueva creencia: Soy el resultado de mi entorno; yo elijo que oportunidades tomar para hacer mi propia realidad. Una vez que has aceptado el cambio, es poco probable que la preocupación controle tu mente. No es necesario conocer mi destino, pero si el camino que quiero tomar. Comienza dando pequeños pasos y construye una escalera sobre cómo llegar a donde quieres estar. Trabaja en aprender a disciplinarte, en habilidades de comunicación, en tácticas de

negociación, en técnicas de persuasión, en estar saludable a través del ejercicio, y aprende a ser flexible con tus horarios. Estas cosas son habilidades universales que se necesitan para encontrar la pasión.

3. *"No tengo tiempo"*. Nueva creencia: Nada es permanente; nunca es demasiado tarde. Cuando realmente quieres lograr algo, simplemente eres perseverante hasta conseguirlo. Es así de sencillo. Vivir un día a la vez, y hacer algo hacia tu objetivo cada día es el primer paso hacia fuera de tus pensamientos. Deja de centrarte en la cantidad de tiempo que tienes, sino en la cantidad de tiempo que podrías ganar, y eso cambiará por completo la manera en que utilizas el tiempo limitado que tienes.

4. *"Tengo que arreglar o cambiar esto o aquello antes de conseguir x cosa"*. Nueva creencia: El pasado puede ser evaluado y remodelado. Esta creencia en una de las principales causas de la procrastinación a pesar de estar conscientes de lo que necesitamos o lo que queremos. Si crees que ciertas cosas tienen que cambiar primero antes de completar algo más, entraras en un ciclo de procrastinación. Lo único que necesitas para cambiar las cosas es un momento, un pensamiento o una acción. Si te esfuerzas

por ser productivo y dar pasos hacia tus objetivos una vez al día, o incluso una vez a la semana, es suficiente para hacer realidad lo que quieres.

5. *"No soy lo suficientemente bueno"*. Nueva creencia: No es personal. Nuestra mente puede apartarnos de nuestras mejores cualidad, lo que nos lleva a creer que no somos lo suficientemente buenos. Los pensamientos negativos suelen ser muy convincentes y se alimentan de esas migajas de evidencia para apoyar la idea de que no eres lo suficientemente bueno. La clave es no tomárselo personal, por ejemplo si alguien está teniendo un mal día y únicamente ha pasado a hacer crecer esa limitación. Tu vida es tuya para vivirla. Somos los únicos en control de nuestros pensamientos, acciones, creencias, motivaciones, aspiraciones, objetivos y pasiones.

6. *"Es demasiado tarde para cambiar/ Perseguir mis sueños"*. Nueva creencia: Tengo todo lo que necesito dentro de mí; nunca es demasiado tarde. Para emprender el camino hacia el éxito necesitas revivir tus experiencias pasadas y aprende de ellas. Ten en mente que lo que tienes es más que suficiente para tomar las riendas de tu futuro. Mírate al espejo y di que tienes toda la confianza que requieres para

alcanzar tus sueños. Sigue adelante y no busques la aprobación de los demás.

7. *"Tengo demasiadas responsabilidades"*. Nueva creencia: Puedo manejar cualquier cosa cuando me lo propongo. Todo el esfuerzo que haces da sus frutos. ¿Tienes mascotas? ¿Una familia? ¿Una empresa? Como se ha dicho antes, el día tiene 24 horas, y la mayoría de los adultos puede vivir con unas seis horas y media de sueño. Saca todo el provecho de tu tiempo y aprovecha el máximo partido a lo que deseas. Cualquier cosa que te propongas, añádelo a tu lista de responsabilidades. Cree en ti mismo y en tu capacidad para gestionar todas tus responsabilidades. Seguramente tendrás éxito.

8. *"No puedo perseguir mis sueños porque puedo fracasar"*. Nueva creencia: Cada fracaso es un nuevo aprendizaje. El fracaso nos impulsa a hacerlo mejor la próxima vez. De nuevo, como en la primera creencia limitante, debes cuestionarte algunas cosas. ¿Qué puedo aprender? ¿Cómo me capacita esta situación? ¿Me comparo constantemente con otros? Entiende que eres único y que hay más cosas buenas que malas en ti. Veamos el siguiente ejemplo. Victoria es una chica que en varias ocasiones se ha querido rendir en su camino a convertirse en una artista exitosa y, antes de

eso, en maestra de yoga. Muchos años se dedicó al trabajo se escritorio, por lo que pensó que la lucha por convertirse en maestra de yoga estaba perdida incluso antes de volver a practicar, pero tuvo la fortuna de tener un gran instructor animándole. Y es el mismo propósito que tiene este libro para ti.

Lo que hemos aprendido:

- Todas esas creencias limitantes pueden obstruir la búsqueda de la felicidad y vivir la vida que realmente has querido para ti.
- Cada día puede estar lleno de pensamientos negativos sobre nosotros mismos, si lo permitimos. Solo si lo permitimos.
- Todo pensamiento negativo puede ser desviado por un pensamiento positivo, que probablemente sea mucho más verdadero, pero definitivamente mejor para nosotros.
- La tentación para procrastinar siempre está presente y si no, como seres humanos somos buenos para encontrar razones para hacerlo. Nos decimos constantemente que el tiempo no nos alcanza, o que tenemos que hacer otras cosas primero. Haz el tiempo, hazlo posible.
- Sin importar la edad, los seres humanos somos capaces de cambiar y aprender cosas nuevas.

Nunca dejes de soñar solo porque creas que es demasiado tarde para ti.

- El fracaso nunca es el final del camino, es un nuevo comienzo. Eres una persona fuerte y no eres alguien que va abandonar a la primera señal de problemas.

Es momento de ir por tu cuaderno para hacerte estas preguntas a ti mismo y anotar tus respuestas:

- ¿Qué significa para mí tener una vida apasionada?
- ¿Cómo me sentiré cuando tenga una vida apasionada?
- ¿Cuáles son las creencias limitantes que tengo?
- ¿Qué me está deteniendo de lograr lo que quiero?

Ahora sabes identificar tus creencias limitantes y también como reemplazarlas por creencias positivas; ahora, en el siguiente capítulo empezaremos la búsqueda para encontrar tu ikigai.

2

Introducción Al Ikigai

Iᴋɪɢᴀɪ ᴇs una palabra japonesa cuyo significado es "una razón de ser". En castellano, en palabras más cercanas, significa: cosas por las que vives, o la razón por la que te levantas cada mañana. El ikigai es específico de nuestra vida, valores y creencias. Las actividades que implican ikigai se hacen de buena fe, y el sentimiento te brinda una sensación satisfactoria de propósito.

El origen de la palabra ikigai se remonta al periodo Heian (794 a 1185). El psicólogo clínico y ávido experto en la evolución del ikigai, Akihiro Hasegawa, publicó un artículo de investigación en 2001 en el que escribía que la palabra "gai" proviene de la palabra "kai", que se traduce como "concha" en japonés.

. . .

Durante el periodo Heian, las conchas eran extremadamente valiosas, por lo que la asociación de valor sigue siendo inherente a esta palabra. También puede verse en palabras japonesas similares como hatarakigai, (働きがい) que significa el valor del trabajo, o yarigai ~ga aru (やり甲斐がある), que significa "vale la pena hacerlo".

En pocas palabras, Ikigai es aquello que te hace levantarte cada mañana y te hace seguir adelante.

Gai es la clave para encontrar tu propósito, o valor en la vida. La mejor manera de englobar la ideología general del ikigai es observar el diagrama de Venn del ikigai, que muestra las cuatro cualidades principales que se superponen: para qué eres bueno, qué necesita el mundo, por qué te pueden pagar y, por supuesto, qué te gusta.

Si te estabas preguntando sobre la importancia que tiene el ikigai. Existen investigaciones realizadas por diversos sociólogos, científicos y periodistas sobre la utilidad y la verdad de este particular fenómeno, y han llegado a varias conclusiones bastante interesantes. Una de las teorías más interesantes es que el ikigai puede hacer que vivas más tiempo y con más sentido.

· · ·

En septiembre de 2017, el popular programa de televisión japonés Takeshi no katei no igaku se asoció con un grupo de científicos para llevar a cabo una investigación en la pequeña ciudad de Kyotango, en Kioto, un lugar que se enorgullece de tener una población que tiene tres veces más residentes mayores de 100 años en comparación con la media del resto del país.

El objetivo era conocer los puntos en común que tenían estas personas mayores felices en su vida diaria. Su grupo estudio fue de siete personas de entre 90 y 100 años; los siguieron desde la mañana hasta el amanecer, haciéndoles análisis de sangre y otros controles de salud.

Lo que encontraron interesante fue que las siete personas tenían cifras excepcionalmente altas de DHEA, una hormona esteroide segregada por las glándulas suprarrenales que muchos creen que puede ser la milagrosa "hormona de la longevidad".

Conforme el programa seguía a estos hombres y mujeres, pudieron identificar una cosa que tenían todos en común: un pasatiempo que practicaban a diario y al que estaban muy atraídos.

· · ·

Se vio a una mujer de casi 90 años que pasaba unas horas diarias tallando máscaras tradicionales japonesas, a otro hombre que pintaba y a otro que iba a pescar a diario.

Realmente no se ha comprobado científicamente la correlación entre tener una afición que realmente te guste con el aumento de la DHEA. Sin embargo, el programa sugirió que tener esta única cosa que te mantiene entretenido, centrado y te brinda una sensación de satisfacción en la vida puede aumentar tu hormona juvenil DHEA, lo que podría llevarte a tener una vida más larga y feliz.

¿Dónde se practica el ikigai? Okinawa, la isla meridional de Japón continental, alberga uno de los mayores porcentajes de centenarios por población. Okinawa es también un semillero de la ideología del ikigai. Aquí, el clima templado, la dieta saludable y el bajo nivel de estrés también son factores, pero es la población activa de la isla, formada por residentes que no se jubilan y que tienen un propósito, lo que la posiciona con otras comunidades longevas de Cerdeña (Italia) e Icaria (Grecia).

El escrito Dan Buettner (2010) publicó un libro titulado *Blue Zones: Lessons on Living Longer from the People Who've Lived the Longest* (Lecciones para vivir más tiempo de la gente que más ha vivido), en el que estudiaba las zonas del mundo que albergan a los residentes más longevos (incluida Okinawa). Lo que descubrió fue que, aunque tengan una palabra diferente para ello, el ikigai, o tener un "propósito en la vida" era un fuerte vínculo de unión. Si puedes encontrar placer y satisfacción en lo que haces y eres bueno en ello, enhorabuena, has encontrado tu ikigai.

El escritor Héctor García, autor de varios libros sobre esta teoría, entre ellos *Ikigai: El secreto de una vida larga y feliz,* cree, sin embargo, que el ikigai no debería estar vinculado únicamente a personas mayores. Incluso, actualmente es más popular éntrelos jóvenes, tanto dentro como fuera de Japón.

"Descubrimos [al publicar el libro que] una de las claves de su éxito es el momento en que se utiliza la palabra 'ikigai'". Sostiene que está ganando más adeptos ahora, justo cuando la gente lo necesita, "especialmente en las generaciones más jóvenes que buscan más sentido a sus vidas".

Suena simple pero en realidad, encontrar tu ikigai puede ser una tarea intimidante. El objetivo es encontrar aquello a lo que estás destinado a convertirte. Debes creer que algo es tu propósito en la vida porque te apasiona.

· · ·

Veamos el ejemplo de Francisco.

A Francisco, por ejemplo, le apasiona el arte, la escritura y el canto. Su pasión es enseñar y motivar a la gente, y como profesor y tatuador profesional, su ikigai y si verdadero propósito es ayudar a la gente. No te preocupes si aún no has encontrado tu ikigai aún, en realidad, muchas personas no lo han hecho, pero este libro puede ayudarte a encontrarlo. Ahora, veamos de cerca los cuatro elementos en los que se divide el ikigai:

- Lo que AMAS hacer (tu devoción).
- Lo que EL MUNDO NECESITA que sea diferente y dinámico (tu objetivo).
- Lo que eres BUENO HACIENDO, tus hobbies e intereses (tu vocación).
- Lo que hace que te PAGUEN que te vuelva feliz y satisfecho (tu carrera).

Si todo lo anterior se alinea perfectamente, habrás encontrado tu ikigai. Cuando esto ocurra, la plenitud, la longevidad y la verdadera felicidad estarán en tu interior y en tu alma.

La palabra "ikigai" hace referencia a los estados espirituales y mentales que hay detrás de nuestras circunstancias, opuesto a nuestra situación económica.

Si estamos avanzando hacia nuestro propósito, no importa si estamos atravesando un momento complicado en nuestras vidas, aun así seguimos experimentando el ikigai. El ikigai no son las expectativas forzadas del mundo que nos rodea; son las acciones orgánicas que surgen de una profunda conexión con la vida las que crean el sentimiento de ikigai.

Cómo tomar provecho de tu ikigai

Se cree que encontrar tu ikigai es lo que te hace vivir más tiempo. A decir verdad, tiene sentido, puesto que la felicidad es un hecho probado para llevar una vida sana, mientras que el estrés nos roba vitalidad. Si eres una persona plena y tu meta es alcanzar la grandeza, ser feliz y encontrar un propósito en ti mismo y en tu vida, entonces encontrar tu ikigai es la clave.

Estas cuatro sugerencias te ayudaran a acelerar la búsqueda de tu ikigai:

1. Encontrar el sentido o un rol en el que tú creas firmemente. Lo primero que debes hacer para entender y encontrar tu ikigai es mirar más allá de ti mismo. Es decir, hacer un viaje introspectivo de tus experiencias pasadas y aprender de las lecciones que puedes sacar de cada situación o escenario. Tomate un tiempo para ir un lugar tranquilo y silencioso para reflexionar sobre ti mismo, tu historia y tus sentimientos. Encontrar tu propósito o creen en algo que realmente te importe te ayudara a ser ambicioso con tus metas y te hará superar los momentos difíciles.

2. No pienses. Sólo hazlo. Deja de esperar una señal o encontrar el momento adecuado para hacer algo. Si tienes muchas pasiones y deseos, cualquier momento es bueno para empezar a cumplirlos. Cada pequeño paso hacia lograr tus objetivos y tus pasiones cuenta mucho. Por ejemplo, Steve Jobs fundó Apple con 21 años, y Elon Musk se volvió director general de Tesla a los 37 años. Su edad es lo único que los diferencia, pero ambos trabajaron duro para alcanzar su pasión intentando y completando pequeños pasos. Puede que te hayas puesto una gran meta y te abruma comenzar. Te recomiendo dividirla en pequeñas partes, y cumple una cada semana o mes hasta llegar donde deseas. Al hacer esto, te ayudará a decidir si eso es lo que quieres hacer.

3. Rodéate con gente que tenga intereses similares a los tuyos. Aprendemos de las personas que nos rodean, especialmente si compartimos intereses con ellos. Además de aprender de sus errores, pueden surgir oportunidades para ti, que te ayudaran a descubrir si esta pasión que persigues es la correcta para ti. Debes tener en mente que alcanzar tu verdadero potencial no va a suceder de la noche a la mañana, así que ten paciencia.

4. Acepta el fracaso como parte del proceso. Los tropiezos son parte fundamental de la vida. Nos ayudan a identificar nuestros errores y nos dan fuerzas para hacerlo mejor la próxima vez que nos enfrentemos a un problema similar. Algunos contratiempos pueden ser causados por la falta de apoyo, de que tus ideas sean juzgadas, de no tener ayuda financiera, entre otros. Estos contratiempos simplemente nos hacen más fuertes a la hora de perseguir nuestras pasiones.

3 ejemplos de vivir según el ikigai

Uno de los grandes ejemplos de ikigai es el chef de sushi japonés Hiroki Sato, considerado como la devoción a una actividad que aporta una sensación de plenitud y logro.

El chef Sato ha dedicado su vida a innovar y perfeccionar las técnicas de elaboración de sushi. Actualmente dirige un pequeño y exclusivo restaurante de sushi de 10 plazas en Tokyo, Japón.

. . .

El chef Sato ha conseguido la máxima calificación de la guía de restaurantes Michelin, tres estrellas, y está considerado como el chef de sushi más consumado del mundo. En *Jiro Dreams of Sushi*, el premiado documental sobre su vida y su trabajo, el chef Sato afirma:

"Tienes que enamorarte de tu trabajo... dedicar tu vida a dominar tu habilidad... Seguiré intentando llegar a la cima, pero nadie sabe dónde está la cima".

Es una buena descripción del ikigai como devoción a lo que uno ama, un esfuerzo hacia la maestría y el logro, y un viaje interminable que brinda una sensación de plenitud.

Un dato curioso sobre el chef Sato es que no solo se encarga de la preparación del sushi en su restaurante.

Sino que, gracias a su reducido tamaño y a su disposición abierta, puede ver de cerca la degustación y las reacciones de sus clientes a la comida y es conocido por modificar el sushi con base en dichas reacciones.

· · ·

A simple vista, podemos decir que el ikigai del chef Sato consiste en buscar la excelencia en la preparación del sushi y compartirla con los amantes del sushi y la buena mesa.

Otro buen ejemplo de la búsqueda del ikigaia es la mundialmente famosa primátologa Jane Goodall. Desde una edad temprana, mostro una pasión por los animales, y especialmente por los primates. A los 20 años fue tras su pasión por los primates escribiendo al antropólogo Louis Leakey. A su vez, Leakey pensó que el estudio de los grandes simios actuales proporcionaría pistas sobre el comportamiento de su principal interés: los primero ancestros humanos.

Con el apoyo de Leakey, Goodall inicio su estudio de los simios en la naturaleza. Se volvió en una experta en trabajar estrechamente con los simios, documentando su inteligencia y sus interacciones sociales. Asimismo, se convirtió en una defensora de los derechos de los animales, ha ayudado a salvar a los simios y otros animales de experimentos dañinos así como la destrucción de sus hábitats.

De esta manera, Goodall ha perseguido su pasión, se ha convertido en una experta en este campo, se ha ganad la vida publicando libros sobre el comportamiento de los simios y ganando honorarios impartiendo conferencias del tema. Además, ha cubierto la necesidad mundial de conocimiento/protección de los primates.

Podemos decir que el centro de su ikigai es conectar con los grandes simios, aprender sobre ellos y defenderlos. Y es por medio de esta conexión que se vincula de forma positiva con todos los seres vivos.

Y por último, pero no menos importante, tenemos al surfista y defensor de la vida silvestre John Mitchell quien ha encontrado su ikigai, o el propósito de su vida. Mitchell es un surfista del alma libre muy aclamada, con generosos patrocinios pero sin participar en concursos. Fundó Surfers for Cetaceans, una organización dedicada a la protección de los cetáceos (delfines, marsopas y ballenas) y de toda la vida marina.

Es por su amor por el surf y el océano que Mitchell llego a admirar a miles de delfines que venían a cabalgar las olas con él en Bryon Bay, Australia. No hay duda que ha llegado a experimentar un tipo particular de flujo con su surf. Por medio de él, llego a apreciar la vida de los cetáceos en particular.

. . .

Definitivamente el núcleo de su ikigai reside en la búsqueda de estados de flujo en el surf y en asegurar que otras criaturas vivas, como los cetáceos, puedan experimentar sus propios estados de flujo, en vez de ser cazados, mantenidos en acuarios o atrapados en redes de pesca.

Lo que hemos aprendido:

- En términos generales, Ikigai significa una razón de ser. Son todas esas cosas por las que uno vive o la razón por la que se levanta por la mañana.
- Es la combinación de pasión, misión, profesión y vocación. Cuando estos cuatro elementos de sobreponen, eso constituye tu ikigai, tu razón de ser.
- Para encontrar tu ikigai, tienes que encontrar lo que te gusta, lo que se te da bien, lo que el mundo necesita y por lo que te pueden pagar.
- Al descubrir tu ikigai tu vida tiene un mayor enfoque y te brinda un nuevo sentido de dirección, tal vez el impulso que necesitas para dar un giro positivo a tu vida.
- Lo importante de reconocer la relación directa que tienen tus creencias con tu ikigai.
- Encontrar tu ikigai contribuye a una vida con menos estrés y más pasión. Justo los dos

componentes esenciales para llevar una larga y feliz vida.

¿Cuál es tu pasión? Muchas veces no lo sabemos y, si no se nos viene nada a la mente al preguntarnos, es posible que no sea algo que hayamos encontrado antes.

Puede que para encontrar tu pasión tengas que buscar más allá. Claro, primero pon atención a tus experiencias pasadas y en lo que ya conoces, pero no te límites a la hora de probar cosas nuevas.

Esperas el momento perfecto, puede ser una pérdida de tiempo porque puede que nunca hagas lo que te gustaría. El momento perfecto realmente no existe, todos sacamos lo mejor que podemos de cualquier situación. No te frenes, si quiere hacer algo, simplemente hazlo.

Si tienes interés por algo en particular pero no sabes por dónde empezar, empieza por rodearte con personas con intereses similares. El fracaso es parte integral del éxito, no hay nada de lo que avergonzarse, intentar aceptarlo como una herramienta de aprendizaje, en lugar de como algo que hay que evitar. El aprendizaje viene acompañado de los errores.

. . .

De nuevo, toma una libreta y pluma para contestar las siguientes preguntas:

- ¿Qué es lo que más me gusta hacer?
- ¿Cuál es el top tres de hobbies que tengo?
- ¿Qué es en lo que más he destacado?
- ¿Cuáles son las causas que más apoyo activamente?
- ¿Haciendo qué cosa la gente me pagaría?
- ¿Cuáles son las personas con las que puedo compartir mis intereses?
- ¿Estoy haciendo lo que el mundo necesita?

Contesta conscientemente cada una de las preguntas, toma el tiempo que necesites. Aunado a eso, agrega algunas pasiones y deseos que tengas, luego minimiza la lista y descubre dos o tres que realmente te llenen de emoción. Ten presente estas notas por unos días y permite que tus pensamientos fluyan en tu mente de manera natural. Haz esto por dos días para luego, volver a la lista y evaluarla.

Una vez que encuentres tu ikigai, debes preguntarte quién eres. En el próximo capítulo, profundizaremos en esta cuestión.

3

Conoce Tu Tipo De Personalidad

LA PERSONALIDAD se define como el conjunto de cualidad que conforma el carácter de una persona. En el presente capitulo hablaremos sobre los tipos de personalidad y cómo encontrar el tuyo.

En internet podemos encontrar infinidad de test que te ayudan a averiguar el tipo de personalidad que tienes. Lo único que necesitas es encontrar el test adecuado, usualmente es 100% preciso. El "Test de los Cinco Grandes de la Personalidad" es adecuado para que te des una idea aproximada de quien eres, pero el más preciso es el test del indicador de tipo Myer-Briggs. Según este indicador, hay 16 tipos diferentes de personalidades, y vamos a hablar de cada uno de ellos.

· · ·

Primero que nada, tenemos que hablar sobre la importancia de descubrir exactamente el tipo de persona que eres. Bueno, ayuda mucho a conocerte a ti mismo para encontrar tu pasión. Tu tipo de personalidad te ayudará a entender qué trabajo te conviene más y porqué serás feliz dedicándote a eso profesionalmente.

El indicador de tipo Myers-Briggs (MBTI)

Este indicador fue creado por Isabel Myers y su madre, Katherine Briggs, en la década de 1940 crearon un estudio que analizaba las distintas personalidades de las personas. Durante dos décadas se dedicaron a investigar y estudiar a las personas y, sus resultados concluyeron que había dieciséis tipos de personalidades. Ellas tenían la teoría de que si alguien sabía qué tipo de personalidad era, le ayudaría a entenderse mejor a sí mimos para poder vivir una vida plena.

El test se compone de ocho características que informan de cuáles son los tipos de personalidad. Estas características son: Extraversión (E) - Introversión, (I) Sensibilidad (S) - Intuición (N), Pensamiento (T) - Sentimiento (F), Juicio (J) - Percepción (P).

· · ·

Ahora veamos cada uno de los pares:

1- Extraversión - Introversión: Este primer par de características es sencillo de comprender, puesto que representa la fuente y dirección de la expresión energética de la persona. Por ejemplo, la fuente de energía de un extravertido se encuentra principalmente en el mundo exterior, mientras que un introvertido tiene una fuente de energía en su mundo interior.

2- Sensibilidad - Intuición: El segundo par se centra en el tipo de información que tú procesas. Ser sensible significa que una persona cree principalmente en la información recibida del mundo exterior. Por lo tanto, si tu preferencia es ser sensible, es probable que prefieras ocuparte de los hechos, de lo que sabes, o describir lo que ves. Por otro lado, la Intuición se refiere cuando una persona cree principalmente en la información recibida del mundo interno. Este tipo de persona prefiere tratar con ideas, nuevas posibilidades o cosas más bien desconocidas.

3- Pensamiento - Sentimiento: Este tercer par represente cómo una persona procesa la información. En general, se refiere al proceso de una persona para tomar decisiones. Dejarse guiar por el pensamiento significa que una persona toma una decisión con base en la lógica.

Por lo tanto, tomará una decisión basada en la lógica objetiva, utilizando un enfoque analítico y desapegado. Por otro lado, el sentir quiere decir que una persona toma una decisión con base en sus emociones. Las personas que pertenecen al tipo de sentimiento tomarán una decisión basándose en lo que creen que deben hacer, o en lo que creen que es importante.

4- Juicio - Percepción: Y por último, tenemos este par que refleja cómo una persona pone en práctica la información que ha procesado. Juzgar significa que una persona organiza todos los acontecimientos de su vida y, por regla general, se limita a sus planes. Prefieren que todo esté bien planificado y estructurado. Percibir significa que la persona tiende a improvisar y a explorar sus opciones. En términos generales, prefieren dejarse llevar por la corriente, mantener la flexibilidad y responder a las cosas según vayan surgiendo.

Sumando las cuatro características se vuelven un código de 16 letras diferentes para distinguir los tipos de personalidad. A continuación, revisaremos a modo general los dieciséis tipos de personalidad.

INTJ - El arquitecto: Pensadores originales, analíticos y estratégicos.

Los INTJ tienen la capacidad de convertir teorías abstractas en planes sólidos. Valoran el conocimiento y la competencia, y se dejan llevar por sus visiones. Pueden ser exigentes cuando se trata de su propio desempeño o el de otros, y eso los convierte en líderes naturales. Los INTJ están orientados a las tareas y trabajan intensamente para convertir sus visiones en realidades.

INTP - El lógico: Pensadores innovadores, lógicos y creativos. Los INTP tienen una sed insaciable de conocimiento y pueden entusiasmarse mucho con las teorías e ideas. Valoran el conocimiento, la competencia y la lógica. Los INTP quieren dar sentido al mundo, y naturalmente cuestionan y critican las ideas mientras se esfuerzan por comprenderlas.

ENTJ - El comandante: Líderes asertivos, audaces y estratégicos, se sienten impulsados a liderar. Para los ENTJ la fuerza motriz de sus vidas es su necesidad de analizar y poner en orden el mundo exterior de los acontecimientos. Valoran el conocimiento y la competencia, y tienen una excelente capacidad para comprender los problemas organizativos difíciles. Prefieren un mundo estructurado y organizado, además se destacan en el razonamiento lógico.

· · ·

ENTP - El debatiente: Pensadores curiosos y creativos, los ENTP se emocionan por ideas frescas, nuevas personas o actividades novedosas. Estos pensadores disfrutan los debates, ya que estos les ayudan a encontrar patrones y sentido en el mundo. Los ENTP son personas energéticas y entusiastas que llevan vidas espontáneas.

INFJ - El defensor: Idealistas silenciosos, originales y sensitivos, los INFJ prestan atención a las posibilidades e ideas del mundo interior. Son extremadamente intuitivos, y regularmente manifiestan una preocupación profunda por las personas y las relaciones.

INFP - El mediador: Idealistas silenciosos y reflexivos, los INFP tienen muy desarrollado su sistema de valores y se esfuerzan a vivir de acuerdo en este. Son idealistas, y siempre miran hacia hacer de este mundo un lugar mejor. Son de mente abierta y no son juiciosas, pero reaccionarán a alguna violación de sus creencias.

ENFJ - El protagonista: Líderes carismáticos e inspiradores, con una excelente capacidad para tratar y relacionarse con las personas. Los ENFJ se enfocan en ayudar a las personas a aprender y crecer.

. . .

Lo ven todo desde el punto de vista humano y eso les convierte en mentores naturales. A veces, incluso pueden anteponer las necesidades de los demás a las suyas propias.

ENFP - El activista: Espíritus creativos y entusiastas, se caracterizan por pensar que encontrar la felicidad es su misión en la vida. Tienen un gran don para tratar y relacionarse con las personas y acogen las relaciones con profundidad e intensidad emocional. Los ENFP suelen tener una amplia gama de intereses y habilidades, y pueden entusiasmarse con nuevas ideas.

ISTJ - El Logístico: Los ISTJ son personas prácticas, constantes y fiables. Bien organizados y trabajadores, trabajan con constancia para conseguir sus objetivos. Los ISTJ suelen ser convencionales y prefieren los hechos probados a las ideas y los resúmenes o las teorías no probadas. Son extremadamente minuciosos, respondones y fiables.

ISFJ - El defensor: Dedicados y cálidos, los ISFJ siempre están dispuestos a defender o apoyar a sus seres queridos. Son extremadamente perceptivos de los sentimientos de los demás y tienden a anteponer las necesidades de los demás a las suyas propias.

Se sienten seguros en las tradiciones y costumbres. Suelen ser muy humildes y mantienen un perfil bajo en todo momento.

ESTJ - El Ejecutivo: Práctico, tradicional y organizado. Tienen una gran capacidad para manejar una situación y tomar el control para conseguir los resultados deseados. Es decir, son muy buenos para gestionar personas o situaciones. Siguen las reglas y cumplen las normas, y tienen una visión clara de cómo deben ser las cosas.

ESFJ - El Cónsul: Cordiales, sociables y organizados, a los ESFJ les encanta estar rodeados de gente y siempre están interesados en servir a los demás. Valoran las tradiciones y la seguridad, y tienen ideas bien definidas de cómo deben ser las cosas, por lo que a veces pueden ser juiciosos.

ISTP - El Virtuoso: Audaces, analíticos y prácticos, a los ISTP les gusta encontrar la lógica y el orden en la tecnología, por lo que suelen ser buenos con las cosas mecánicas. Suelen ser un poco complicados en sus deseos. Les gusta entender la aplicación práctica de las cosas y cómo se pueden utilizar. Disfrutan de los deportes extremos y las aventuras emocionantes.

. . .

ISFP - El aventurero: Artistas serios, sensibles y amables, los ISFP no juzgan y son tolerantes con la gente. No les gustan los conflictos, por lo que no suelen hacer nada que pueda resultar conflictivo. Son originales y creativos, y buscan la belleza estética. En lugar de ser un líder, los ISFP prefieren desempeñar un papel de apoyo.

ESTP - El emprendedor: Enérgicos, dominantes y orientados a la acción, los ESTP disfrutan de vivir al límite. Los ESTP prefieren "hacer" que cualquier otra cosa y se centran en los resultados inmediatos. Son aventureros que asumen riesgos y llevan un estilo de vida acelerado. Pueden aburrirse fácilmente cuando no están haciendo algo emocionante.

ESFP - El animador: Espontáneos, enérgicos y divertidos, los ESFP están orientados a la gente y son amantes de la diversión. Les agrada ser el centro de atención en las situaciones sociales. Son muy entusiastas de la vida y hacen que las cosas sean más divertidas para los demás.

Seguramente ahora que has leído las características generales de los 16 tipos de personalidad tienes una idea más clara de los tipos de personalidad que existen en el mundo. Espero que te hayas animado a hacer el test y descubrir tu tipo de personalidad.

Conocer tu tipo de personalidad es importante para entenderte a ti mismo lo que tiene un impacto positivo en lo que eres y en lo que quieres llegar a ser.

Todos los tipos son iguales. Con esto queremos decir que cada uno es único y podemos apreciar la diversidad que existe entre las personas. Todos son igual de importantes, no existe un mejor tipo de personalidad.

El instrumento MBTI es diferente de muchos otros instrumentos psicológicos y también de otros test de personalidad. Se caracteriza por clasificar las preferencias y no medir los rasgos, la capacidad o el carácter.

Lo que hace al MBTI el instrumento adecuado para descubrir su tipo de personalidad es que lo respaldan estudios realizados en los últimos 40 años que lo validan. En otras palabras, mide lo que dice que mide (validez) y produce los mismos resultados cuando se administra más de una vez (fiabilidad). Cuando quiera un perfil preciso de su tipo de personalidad, pregunte si el instrumento que piensa utilizar ha sido validado.

Carl J. Jung introdujo la teoría del tipo psicológico en la década de 1920.

Posteriormente, en la década de 1940, Isabel Briggs Myers desarrollo su herramienta MBTI cuya investigación siguió hasta el año 1950. Hoy en día, esta investigación sigue en curso, proporcionando a los usuarios información actualizada sobre el tipo psicológico y sus aplicaciones. Millones de personas en todo el mundo han realizado el Indicador cada año desde su primera publicación en 1962.

¿En qué se diferencia el MBTI de otros instrumentos?

Para empezar, el MBTI no es realmente un "test". No hay respuestas correctas o incorrectas y un tipo de personalidad no es mejor que otro. El propósito del indicador no es evaluar la salud mental ni ofrecer ningún tipo de diagnóstico.

A diferencia de muchos otros tipos de evaluaciones psicológicas, los resultados del MBTI no se comparan con ninguna norma. Los resultados no se comparan con un sistema de puntación, el objetivo del instrumento es simplemente ofrecer más información a la persona sobre su personalidad única.

· · ·

Fiabilidad y validez

La fundación Myers & Briggs afirma que el MBTI cumple con los estándares aceptados de fiabilidad y validez. A pesar de eso, otros estudios han encontrado que la fiabilidad y la validez del instrumento no se han demostrado como se debe.

Investigaciones han encontrado que entre el 40% y el 75% de los encuestados reciben un resultado diferente después de completar el cuestionario por segunda vez.

En 1992 el Comité de Técnicas para la Mejora del Rendimiento Humano y el Consejo Nacional de Investigación público un libro que sugiere que "no hay suficiente investigación bien diseñada para justificar el uso del MBTI en los programas de orientación profesional".

Muchas de las pruebas actuales se basan en metodologías inadecuadas".

El principal problema de los psicólogos con el MBTI es la ciencia que lo respalda, o la falta de ella.

. . .

En 1991, un comité de la Academia Nacional de Ciencias revisó los datos de la investigación del MBTI y observó "la problemática discrepancia entre los resultados de la investigación (la falta de valor demostrado) y la popularidad".

EL MBTI se originó de ideas propuestas antes de que la psicología fuera una ciencia empírica; esas idead no se comprobaron antes de que la herramientas se convirtiera en un producto comercial. No obstante, los psicólogos contemporáneos exigen que un test de personalidad pase por ciertos criterios para ser confiable. "En las ciencias sociales, utilizamos cuatro estándares: ¿Son las categorías fiables, válidas, independientes y completas?"

Ciertas investigaciones sugieren que el MBTI no es del todo confiable debido a que la misma persona puede obtener resultados diferentes al volver a realizar el test.

Otros estudios han cuestionado la validez del MBTI, es decir, la capacidad del test para relacionar con precisión los "tipos" con los resultados en el mundo real; por ejemplo, el rendimiento de las personas clasificadas como un determinado tipo en un trabajo determinado.

· · ·

Por su parte, la empresa Myers-Briggs afirma que las investigaciones que desacreditan el MBTI son antiguos, pero sus resultados continúan resonando en los medios de comunicación. Desde esas primeras críticas, la empresa menciona haber realizado su propia investigación para mejorar el test y evaluar su validez. "Cuando se analiza la validez del instrumento [el MBTI], es tan válido como cualquier otra evaluación de la personalidad", dijo a USA Today Suresh Balasubramanian, director general de la empresa.

A pesar de eso, el test tiene algunas limitaciones que son inherentes a su diseño conceptual. Una de sus principales limitaciones son las categorías en blanco y negro: Eres extrovertido o introvertido, juzgas o sientes. Esta dualidad extrema es un defecto, porque la gente no cae limpiamente en dos categorías en cualquier dimensión de la personalidad; en cambio, la gente tiene muchos grados diferentes entre ambas categorías. Incluso, es un hecho, que la mayoría de las personas se acercan a la media, y relativamente pocas se sitúan en uno de los dos extremos.

Al clasificar a las personas en dos extremos, lo que estamos haciendo es separando a personas que en realidad tienen más cosas en común que diferencias.

. . .

El instrumento podría estar pasando por alto aún más matices al evaluar cuatro aspectos de las diferentes de personalidad. Varias décadas atrás, estudios habían demostrado que la personalidad tenía al menos sin dimensiones principales, y pruebas recientes han demostrado que en realidad hay seis dimensiones. Una de esas dimensiones tiene que ver con lo honesto y humilde que es alguien frente a lo engañoso y engreído, y la otra dimensión tiene que ver con lo paciente y agradable frente a lo irascible y discutidor que es alguien.

No lo descartamos del todo. Después de todo, algunos de los principales defectos del MBTI se derivan de la naturaleza compleja y desordenada de la personalidad humana. De acuerdo con David Pincus, profesor de psicología de la Universidad Chapman de California, las categorías ordenada del MBTI hacen que la personalidad parezca más clara y estable de lo que realmente es. Psicólogos especializados se han inclinado por otras herramientas, como los Cinco Grandes, que evalúan la personalidad con base en la posición de un individuo en el espectro de cinco rasgos: amabilidad, conciencia, extraversión, apertura a la experiencia y neuroticismo. Expertos aseguran que el modelo de los Cinco Grandes tiene un mejor historial de validación científica que el MBTI.

· · ·

A pesar de eso, el MBTI no es una herramienta inútil. Una de las razones principales por que las personas siguen siendo atraídas por pruebas como el MBTI es por el deseo de comprenderse a sí mismas y a las personas que los rodean. Las cuatro dimensiones de las que se derivan los tipos del MBTI son útiles para describir la personalidad de las personas.

A pesar de que los resultados del MBTI no coinciden del todo con tu intención sobre ti mismo o simplemente te parecen muy lejos de la realidad, pueden aportar mucha información. Existen muchas personas que han realizado el MBTI pueden confirmar ese efecto. Como escribió un antiguo empleado de Bridgewater Associates (un fondo de cobertura casi tan famoso por hacer que sus empleados se sometan a pruebas de personalidad como por sus 120.000 millones de dólares en activos) en Quartz, las etiquetas del MBTI nunca parecían describir completamente a una persona. En cambio, el valor real del test parecía estar en el esfuerzo por "reconciliar las diferencias entre lo que nos dicen los resultados del test y lo que sabemos que es cierto sobre nosotros mismos".

Aunado a eso, el MBTI realmente puede funcionar como un punto de partida para la autoexploración, al brindarles a las personas una herramienta y un lenguaje para reflexionar sobre sí misma y sobre los demás.

El test es "un portal a una práctica elaborada de hablar y pensar sobre quién eres", escribió Merve Emre, profesora asociada de inglés en la Universidad de Oxford (Reino Unido), en "The Personality Brokers", una revisión de la historia del MBTI.

Por último, no es la etiqueta del MBTI, sino el poder de la introspección lo que empuja los conocimientos y, en ocasiones, alimenta la motivación para tomar medidas para cambiar la propia condición.

El MBTI en la actualidad

La accesibilidad del Indicador de Tipo de Personalidad Myers-Briggs lo ha convertido en uno de los instrumentos psicológicos más populares que se usan en la actualidad.

Se estima que dos millones de adultos estadounidenses completan el inventario cada año.

En internet se pueden encontrar muchas versiones del MBTI disponibles, sin embargo, se tiene que tener en cuenta que cualquiera de esos formularios son solo aproximaciones la verdadero.

Para que un MBTI sea autentico debe ser aplicado por un profesional formado y cualificado que complemente un seguimiento de los resultado. Hoy en día, el cuestionario puede administrarse en línea a través del editor del instrumento, CPP, Inc. e incluye la recepción de una interpretación profesional de sus resultados.

La última versión del Indicador de Tipo Myers-Briggs incluye 93 preguntas de elección forzada en la versión norteamericana y 88 preguntas de elección forzada en la versión europea. Por cada pregunta, hay dos opciones diferentes entre las que el encuestado debe elegir.

Lo que hemos aprendido:

- Identificar tu tipo de personalidad te puede ayudar a entenderte mejor a ti mismo.
- Con un conocimiento más profundo de tu tipo de personalidad estarás más preparado para descubrir el trabajo y profesión que te llevará a la felicidad y a un mayor éxito.
- El indicador de Tipo Myers-Briggs afirma que existen dieciséis tipos de personalidades.
- Existen ocho tipos de características que nos ayudan a determinar nuestros tipos de personalidad y están emparejadas. Cada par constituye una categoría diferente:

Extraversión - Introversión, Sensibilidad - Intuición, Pensar - Sentir, Juzgar - Percibir.

- Los dieciséis tipos de personalidad son muy diferentes entre sí, por lo que es importante que determines cuál se aplica a ti.
- Aunque puede parecer una pérdida de tiempo, es necesario si quieres tener todas las herramientas para dar lo mejor de ti en este proceso.

Preguntas para hacerte a ti mismo:

- ¿Qué es lo que más me motiva o impulsa a tener éxito?
- ¿Cuáles son las cinco palabras que más me describen?
- ¿Qué me hace único?
- ¿Qué es lo que más valoro?
- ¿En qué miento? ¿Por qué?
- ¿Soy una persona que asume riesgos?
- ¿Soy una persona paciente?

Estas preguntas junto con sus preguntas son un gran complemento para explorarte a un nivel más profundo. En el siguiente capítulo, te ayudaremos a encontrar tus intereses y aprenderás a utilizarlo en tu elección de carrera basada en tus pasiones.

4

Encuentra Tu Pasión

MUCHOS SE ENCUENTRAN DESORIENTADOS respecto a sus pasiones, incluso desconocen en qué consiste la pasión.

Descubrir lo que realmente te interesa puede ayudarte a salir de tu zona de confort. Uno de los primeros pasos para este descubrimiento es saber lo qué te impulsa, qué te interesa, cuáles son tus ambiciones y qué hace cantar a tu corazón.

Al pensar en la felicidad e imagines que el sentimiento brilla dentro de ti como una cálida luz, pregúntate: "¿Cuándo fui feliz por última vez?", "¿Qué estaba haciendo?", ¿"Dónde estaba?". Probablemente fue de niño o en tu adolescencia, o aquella vez que saliste de la ciudad solo o con amigos cantando a todo pulmón.

¿Acaso fue un momento familiar? ¿O tal vez fue simplemente tomar una ducha fría en silencio? Cuando descubras qué es lo que te hace más feliz, podrás averiguar dónde están tus pasiones y los intereses que te motivan.

Cómo identificar y perseguir tus pasiones

Siendo un entrenador personal de vida, muchas personas se me han acercado y preguntado: "¿Por qué es que sobresalgo en el trabajo que estoy haciendo, pero simplemente no me gusta?". Por más sorprendente que parezca, es una pregunta que escucho a menudo. Y cuya respuesta es simple y directa. Somos buenos en muchas cosas, pero no tiene por qué gustarnos lo que hacemos bien. La principal razón por la que muchas personas son buena en su trabajo pero no siente pasión en lo que hace es porque eligió una profesión con responsabilidades que no concuerdan con su personalidad. Están haciendo cosas que han aprendido a hacer pero no tienen las habilidades naturales para hacerlas. Por lo tanto, aquí tienes algunos pasos para encontrar tus intereses y poder vivir una vida apasionada.

1- Recuerda lo que te hacía feliz cuando eras pequeño: Al recordar nuestros intereses de cuando éramos niños, podemos fácilmente relacionarnos con lo que nos gusta hacer ahora. Para descubrir tu pasión en la vida, recuerda a qué te gustaba jugar de niño. ¿Salir a jugar al parque con tus amigos? ¿Jugar con tu perro o alguna otra mascota? ¿Te gustaba hablar por teléfono?

¿O acampar? ¿Te gustaba explorar? Lo que fuese, es importante que vuelvas a ponerte en contacto con esos intereses naturales para aprender más sobre lo que puedes hacer con ellos actualmente en tu vida adulta. Ahora pregúntate lo siguiente: ¿Cuáles eran tus intereses en el pasado? ¿Son los mismos ahora?

Veamos el ejemplo de Irene. Irene de pequeña era muy atenta, pensativa y callada. No era muy sociable, pero los pocos amigos que tenía eran muy buenos. En su primer grado de primaria, Irene jugaba a la cocina con sus amigos: ellos amaban ese juego. Mientras unos cortaban los vegetales, otros preparaban la masa o cuidaban que todo saliera bien en la ejecución de la receta. Creaban y recreaban diferentes escenarios o se ponían a hablar e imaginar cómo sería tener su propio restaurante o participar en un gran concurso de cocina: como sería la decoración, el tipo de comida que servirían, si se pueden tener fuentes de agua, en fin, una infinidad de temas. Además de tener estas horas de juego, Irene disfrutaba ampliamente de las clases de matemáticas.

· · ·

Para ella, las matemáticas le hacían entender el mundo, incluso ese mundo culinario que tanto imaginaba con sus amigos.

Al crecer, Irene no se volvió chef, pero si se volvió ingeniera química. No es que no se haya cumplido su sueño, sino que al crecer incorporó aspectos más amplios de su realidad y de su autoconocimiento y decidió que la ingeniería química era más para ella. Sin embargo, esta semilla de este entusiasmo por entender más el mundo, de curiosidad, imaginación, de interés por las matemáticas estuvo presente en su vida desde la niñez. Aquella niña que quería entender más el mundo ya lo está haciendo.

No solo se trata de recordar las vivencias de tu niñez, sino que traer esas experiencias a tu presente.

2 - Aún no pienses mucho en cuánto va a ser tu ganancia monetaria: Imagina por un momento que el dinero no es la única opción, sino que vivimos mediante trueques, o si el dinero no existiera, ¿cómo pasarías tu tiempo? ¿Viajarías? ¿Pasarías tiempo con tu familia? ¿Serías investigador? ¿O ayudarías a tus vecinos siendo un ciudadano ejemplar?

. . .

La cuestión es que si te enfocas únicamente en la cantidad de dinero que ganarás en comparación con otros trabajos, probablemente te quedaras atascado haciendo lo que no te gusta.

Debes tener en mente que no solo de dinero subsiste el ser humano. Piensa en todas experiencias que tendrás al dedicarte a lo que te apasiona, las personas y los lugares que podrás conocer, los conocimientos que adquirirás y toda la felicidad que tendrás a tu alcance. Ve aterrizando un poco los pies en la tierra, porque aunque el dinero no lo es todo, si es importante. Por eso es vital que exista un balance entre un idealismo y un realismo: ese punto medio será perfecto para que lleves a cabo los planes de tu vida de la mejor manera posible.

3- Pide consejo a tus amigos y familiares: Nadie nos conocer mejor que aquellas personas que nos han visto crecer. Busca la opinión y el apoyo de aquellos que te rodean. Tus amigos y, especialmente tu familia, podrá contarte anécdotas sobre lo que te divertía hacer de niño.

Esto también puede ser un ejercicio divertido, invítalos a cenar un día para compartir estas historias. Crear vínculos también es una gran habilidad para tener en cualquier escenario o interés.

Puede ser que tus amigos y familiares no sean expertos en los temas que te interesan, pero en lo que si pueden apoyarte es en compartir sus experiencias de vida.

Tus padres o abuelos seguramente pasaron por un proceso muy parece al tuyo: tuvo que prepararse, conseguir trabajo; seguramente experimento ansiedad y pensamientos negativos parecidos a los tuyos. ¡Escúchalos! Algo te podría servir. Cada experiencia de vida es individual e incomparable, pero compartiendo puedes encontrar paralelismos y quizás otras experiencias te puedan ayudar en tu propia experiencia.

Sucede algo parecido con las amistades. En la mayoría de los casos nuestros amigos suelen tener nuestra misma edad o una muy cercana. Sin saberlo, podrían estar pasando por una experiencia parecida a la tuya: acércate a ellos, intercambien idea, ¡puede ser que juntos encuentren respuestas o soluciones a sus problemas! Los elementos más importantes en esto es: dialogo, transparencia y honestidad.

4- Lee el catálogo de cursos de la universidad: Si te sientes atorado y sigues sin tener idea, intenta revisar el catálogo de cursos de la universidad.

· · ·

Si algo despierta tu interés, averigua sobre el resultado final de trabajar realmente un día en la vida de este. En lo que revisas el catalogo, pregúntate en que te sentirías cómodo enseñando si lo supieras todo. Ubica esos temas que te asustan y aquellos que te parecen demasiado fáciles. Una vez que identifiques ese interés, podrás incursionar en ello para estar seguro si realmente te gusta.

Durante este paso es vital que no ahoques o pares tu imaginación. Por nada del mundo te auto límites. Si algo despierta tu interés, investiga, incluso si se te hace muy poco probable que llegues a incursionar en ella.

5- Descubre a tu héroe que te inspire: Comienza por preguntarte a quién admiras más en este mundo. ¿Es la cantante Beyoncé? ¿El presentador de un programa de entrevistas como Jimmy Fallon? ¿Tu ortopedista? ¿Tal vez a tu estilista? Sea quien sea una vez que lo o la encuentres, lo que sigue es preguntarle cómo ha llegado a donde está. ¿Cuáles son los pasos que tuvo que dar y, sobre todo, si les apasiona lo que hacen?

Esto lo puedes saber por medio de entrevistas que seguro estarán en internet, revisa todo su material artístico o técnico, investiga lo que otras personas dicen sobre ellos:

es importante que te vuelvas cercano a esa figura heroica, aunque realmente no la llegues a conocer en persona.

Sin importar si es posible ponerte en contacto con ellos, investiga lo que puedas sobre su vida profesional. Busca cosas como hojas de datos y sobre la posición que ocupan tus ídolos. ¿Cómo han llegado hasta ahí? Una vez que reúnas toda la información, pregúntate: "¿Me veo en esta área profesional?" y "¿Cómo puedo relacionarme con esto?".

6- Piensa en lo que te gusta hacer y en lo que también eres bueno: Posterior a tu investigación, reúne todos los datos que has recolectado. Tras revisar detenidamente la información que te han proporcionado, piensa en lo que has aprendido hasta este punto. Limita tus búsquedas a las cosas que te gustan y te interesan.

Escribe tus gustos, ya sea deportes extremos, cuidar de los niños, hacer manualidades, cocinar u hornear pasteles. Después, reduce tu búsqueda a las tres o cuatro cosas por las que más te inclinen.

Para este último paso, te recomendamos que escribas las cosas que te gustan y despiertan tu interés en una hoja de papel. En otra hoja, escribe las cosas que sabes hacer. Es importante que estas dos listas tengan una jerarquía. Mientras más te guste o interese algo más arriba debe ir en la lista. Lo mismo con las cosas que sabes hacer.

Al terminar ambas listas, compara: ¿cuáles son las similitudes entre las dos listas? ¿Algo coincide en la parte de arriba en ambas listas? ¿Cuál es y por qué? Esta herramienta te ayudará como guía visual y organizacional de tus pensamientos e intereses.

Lo que hemos aprendido

A pesar de que este capítulo ha sido breve en comparación con los anteriores, hemos aprendido lo siguiente dentro de los pasos para descubrir nuestros intereses:

- La mayoría de nosotros, en algún momento de nuestra vida, terminamos haciendo algo para ganarnos la vida que no se relaciona con aquello para lo que estamos naturalmente orientados.
- Aunado a ganarnos la vida, solemos aprender ciertas habilidades que complementen nuestro trabajo, pero no quiere decir que seamos felices al emplearlas. Es completamente

natural que nos inclinemos más a utilizar nuestras habilidades e intereses naturales.

- En el camino, tal vez te hayas olvidado de lo que te apasiona. Haz memoria de aquello que te entusiasmaba de niño. Si, el dinero es importante, pero no lo es todo. No permitas que el dinero sea un factor decisivo al considerar tus pasiones.
- Nadie te conoce mejor que tus amigos y familiares, así que pídeles su opinión sobre lo que creen que podría despertar tu interés.
- Inspírate por medio de ciertos recursos como el catálogo de cursos de la universidad. No descartes los cursos nocturnos, ¡nunca sabes lo que puede despertar tu curiosidad!
- ¿Quién es la persona que más admiras? ¿Qué pasiones coinciden más con las tuyas? ¿Cómo han llegado hasta dónde están y qué consejos puedes tomar de su enfoque?

No te enfoques únicamente en lo que sabes hacer bien, sino también en algo que realmente disfrutes hacer.

Ahora bien, hemos aprendido a encontrar tus intereses, voy a darte una serie de preguntas para que te hagas a ti mismo y puedas ir más allá.

· · ·

Preguntas para hacerte a ti mismo:

- Cuando era niño, ¿qué me gustaba?
- Cuando era más joven, ¿qué quería llegar a ser?
- Ahora mismo, ¿qué es lo que me entusiasma?
- ¿Con qué cosas o actividades pierdo la noción del tiempo?
- ¿Sobre qué me encanta leer, investigar o soñar despierto?
- ¿Qué es lo que más me divierte?
- Si pudiera hacer una cosa durante el resto de mi vida, ¿qué sería?
- ¿Me encantaría? ¿Con qué facilidad me aburriría? Si no existiera el dinero, ¿qué haría con mi tiempo?

Ahora que te has dado la oportunidad de reflexionar profundamente sobre tus intereses, es el momento de profundizar en las oportunidades de lo que te hace grande. Es el momento de cuestionarte sobre por lo que te esfuerzas y que te hace bueno haciendo esas cosas.

5

¿En Qué Eres Bueno?

La mayoría se hace hecho la siguiente pregunta: ¿En qué soy bueno? Después de tener una vida llena de experiencias y reflexionar sobre lo que nos hace felices y lo que nos entristece, uno cree que lo sabría. Descubrir aquello que se nos da bien naturalmente no es tan simple.

Requiere de mucha preparación previa. Es importante que seas, sobre todo, amable contigo mismo.

Piénsalo: muchas personas se encuentran en trabajos que no los hacen felices porque no han encontrado su verdadera pasión. Han aprendido a ser buenos en algunas cosas y a eso se dedican, pero no pueden decidir cuál es esa gran cosa que quieren hacer el resto de su vida.

. . .

A la mayoría de las personas les costó años y mucha práctica descubrir en que eran buenos. Tomemos el ejemplo de Francisco. Al momento que supo que sería padre por primera vez, Francisco supo que debía mantener a su nueva familia. Sabía que su trabajo de escrito no significaría ganar dinero suficiente del que ahora requería su vida. Tenía ganas de probar a crear un nuevo negocio, algo que fuera suyo de principio a fin. De esta manera, se metió al mundo del marketing. Su empresa se encargada de escribir o crear estrategias de marketing para ciertos clientes. Incluso creo imágenes originales para marcas muy importantes. Sin embargo, nada de esto llego a solidificar porque no se centraba en lo que realmente le apasionada: ayudar a la gente.

Por otro lado, la paternidad fue algo natural para Francisco, y no tenía idea si sería bueno en ello antes de tener hijos. Además, los hijos no llegan a nuestras vidas con un instructivo paso a paso, y se cometen muchos errores en el camino. Sin embargo, recuerda que los errores son parte del camino de encontrar nuestras pasiones.

Otra pregunta importante antes de encontrar eso en lo que te destacas naturalmente es en qué no eres bueno.

. . .

Identificar tus puntos fuertes y débiles es el primer paso para descubrir lo que puedes y no puedes hacer.

Puede interesarte mucho algo, pero si no eres bueno para hacerlo, entonces te habrás preparado para algo muy decepcionante.

Encontrar tus puntos fuertes y débiles

Para averiguar cuáles son tus puntos fuertes y débiles, realiza un repaso mental sobre esas actividades en las que más te gusta participar, aquellas que realmente disfrutas.

No tienes por qué hacer todo de un momento, es un ejercicio reflexivo, por lo tanto, puede llevarte unos días e incluso unas semanas, pero el esfuerzo y tiempo invertido valen la pena.

En las siguientes páginas se te enseñara a encontrar tus puntos fuertes y débiles creando algunas listas, hablando con la gente y teniendo nuevas experiencias. Empecemos por tres sencillo pasos:

. . .

Paso 1: Realiza dos listas, por un lado escribe todo lo que amas hacer y por el otro, lo que odias hacer. Antes de averiguar en lo que eres bueno, primero debes identificar lo que te gusta hacer. Así que empecemos por esta lista. Piensa tanto en lo que te gusta así como en lo que no te gusta. Es decir, quiero que hagas dos listas: "lo que me gusta hacer" y "lo que odio hacer". Tomate tu tiempo y escribe todo lo que puedas.

En la mayoría de las ocasiones las personas pueden encontrar sus puntos fuertes y débiles en estas dos listas, sin embargo, a veces lo que te gusta hacer no es igual a lo que se te da bien. Tus puntos fuertes son aquellas cosas por la que la gente de tu alrededor te ha felicitado en numerosas ocasiones o por las que acude a ti para pedirle consejo. Por eso es importante buscar la opinión de tus seres queridos durante este proceso.

Paso 2: Escucha la opinión de tus amigos y familiares. El ejercicio de Reflexión sobre el Mejor Yo (RBS) es una buena manera de ayudarte a descubrir tus puntos fuertes y débiles. Para eso, es necesario que realices una lista de persona en todos los aspectos de tu vida. Incluye a amigos, familiares, colegas y antiguos profesores o maestros. Todas aquellas personas cuyo consejo te parece importante. Busca a alguien en quien puedas confiar y con quien puedas relacionarte.

Quieres hablar con alguien que sea honesto y que haya sido honesto contigo en el pasado. Una vez terminada tu lista, escribe por mensaje o envíale un correo electrónico sobre tus puntos fuertes y débiles. Te sorprendería lo útil que puede ser este simple ejercicio.

Paso 3: Vive nuevas aventuras/experiencias. Por último, tienes que dar un paso fuera de tu zona confort y explorar un poco más tu personalidad. Toma riesgos que normalmente no habrías. Para encontrar aquello en lo que somos naturalmente buenos, tenemos que hacer lo que creemos que se nos da bien. Pregúntate lo siguiente: ¿Cómo puedo encontrar mi pasión si no estoy dispuesto a salir y ser aventurero? Como se menciona en el primer capítulo, siempre hay tiempo.

Ahora sabes los tres principales pasos para averiguar tus puntos fuertes y débiles, a continuación profundizaremos y veamos que podemos descubrir.

Descubre en qué eres bueno

Si ya has realizado los ejercicios de los capítulos anteriores, habrás hecho un test de personalidad y habrás descubierto cuáles son tus principales intereses.

Las siguientes formas te ayudarán para encontrar lo que se te da bien. Iniciemos.

1. Haz un test: Como mencionamos anteriormente, para empezar a profundizar en ti mismos se recomienda primero tomar un test de personalidad. Te recomiendo mucho que te tomes tu tiempo para hacerlo. Por ejemplo, cuando Diego hizo su test de personalidad, descubrió que es bueno en creatividad y persuasión, y por eso es bueno en su elección de carrera de emprendedor y entrenador personal.

Lo ideal es realizar el test con la mente despejada y relajada. Intente que, cuando lo respondas, estés en un ambiente tranquilo y en el cual te sientas cómodo. Esto ayudara que tus respuestas sean lo más fiel posible a tu verdadero yo.

2. Mira hacia tu pasado: La mayoría de las personas no está consciente de que ya sabe lo que les gusta por sus experiencias pasadas. En vez de seguir intentando averigua lo que quieres hacer, mejor reflexiona y escríbelo para que no se te olvide. En el caso de Diego, cuando los resultados de la prueba señalaron la creatividad y la persuasión, este pensó en cuando era niño.

· · ·

Resulta que Diego, era el líder de su grupo, y lo era justo por su personalidad extrovertida y su habilidad de persuasión. Diego siempre sorprendía a sus compañeros con las ideas más creativas. Ahora es tu turno, piensa en tu infancia. ¿En qué eras bueno?

No es necesario responder esta pregunta de forma en que la respuesta sea algún talento o habilidad, tal como "tocar el piano", "bailar", "ser bueno en química", etc. Otras respuestas que valen también es "ser bueno escuchando", "ser bueno prestando atención", "ser bueno liderando": todo talento cuenta, y no hay talentos "mejores" o "peores".

3. ¿Qué es lo que se te da con más naturalidad?
Enfócate en aquello que se te hace más fácil. Cuando ubiques la respuesta, esta será la definición de lo que se te da bien. Por ejemplo, hay personas a quienes se les hace muy fácil hacer amigos, y otras les resulta algo complicado ser abiertas y vulnerables. ¿Y tú? ¿Qué actividades te resultan naturales?

4. Reflexiona sobre las cosas nuevas que has probado. Al salir de tu zona de confort y tener nuevas experiencias, ¿qué notaste? ¿Hiciste una lista y creaste recuerdos al respecto?

¿Cuáles fueron tus sentimientos al respecto? ¿Qué es lo que te pareció más interesante de esta experiencia? Ahora vuelve a concentrarte en aquello que se te daba bien y que no sabías.

5. Piensa en tu elemento. ¿Alguna vez has pensado en tu elemento? Recuerda el momento en que realmente disfrutaste hacer algo. Ese es tu elemento. Esto es en lo que puedes destacar.

Lo que hemos aprendido:

- Averigua en que eres bueno reconociendo tus puntos fuertes y débiles
- Comienzo haciendo dos listas: lo que amas hacer y lo que odias absolutamente hacer. A partir de ahí podrás determinar tus puntos fuertes y débiles.
- Utiliza la estrategia del Mejor Yo Reflexivo y haz una lista de personas a las que puedes acudir para que te den su opinión.
- No tengas miedo de ir más allá de tus límites y probar cosas que nunca habías pensando hacer antes. Toma riesgos y aprende más sobre ti mismo.
- Ten a la mano los resultados de ese test de

personalidad que te recomendamos hacer al principio. Apóyate de los resultados.

- Salir de nuestra zona de confort para tener nuevas aventuras es tan importante como utilizar nuestras experiencias pasadas.
- Recuerda que disfrutaras más haciendo cosas en las que las habilidades involucradas son aquellas que se te dan naturalmente y te hacen sentir más cómodo.
- Cada vez que pruebes algo nuevo o hayas emprendido una nueva aventura, asegúrate de tomarte un momento para reflexionar sobre ello. ¿Qué te ha gustado? ¿Qué no te ha gustado?

Preguntas para hacerte a ti mismo:

- ¿Qué viene muy fácil hacia mí?
- ¿Cuál es mi elemento?
- ¿Cuáles son mis fortalezas naturales?
- ¿Cuáles son mis debilidades? ¿En qué necesito trabajar?
- ¿Qué dicen los demás sobre mí?
- ¿Qué disfruta más ayudando a la gente?

En el siguiente capítulo aprenderemos y exploraremos lo que te hace enojar. Hablaremos de todo aquello que te hace hervir la sangre, y descubriremos formas de evitarlo.

. . .

Podrías encontrarte algo confundida del por qué esto se relaciona para encontrar tu pasión. No te alarmes, todo será explicado en el siguiente capítulo.

6

¿Qué Te Hace Enojar?

LA IRA ES una emoción muy poderosa, que si se lo permitimos nos puede hacer perder el control. Sin embargo, a veces puede ser útil como combustible para encender la pasión y alcanzar objetivos.

De acuerdo con la Real Academia Española, la ira se define: "Pasión del alma, que causa indignación y enojo".

Es decir, la ira es aquel estado interno en el cual este no está de acuerdo con cierta situación; ahí surge la indignación. Nos encontramos con una situación que no nos parece, nos incomoda, la consideramos una injusticia e incluso nos llegamos a decir "las cosas no deberían ser así".

. . .

En primera instancia, podría causarnos únicamente indignación, pero con el paso del tiempo, si la situación no se restablece a un estado más justo, podemos reaccionar. De ahí viene el enojo.

El camino hacia descubrir nuestra pasión se pueden andar de diferente manera según la persona. Lo que resulta ser bueno. La singularidad de cada quien es lo que hace a toda persona única y diferente, al mismo tiempo.

Por lo tanto, cada persona tendrá un nivel distintos de ira; quizás y alguna persona se enoje más rápido o lento, o quizás no le guste expresar su enojo….en fin, existen millones de posibilidades. Es tu trabajo auto conocerte y regular en tu interior tu enojo, en cuanto tiempo, por qué o cómo lo haces, cómo lo expresas y cómo los controlar para que este ejercicio puede facilitarte el camino hacia encontrar tu propósito.

En ocasiones, la ira y la frustración pueden originarse de una herida, y en otros casos es una respuesta a una emoción. Por ejemplo, si tienes ambición por algo, únicamente quieres que las cosas salgan bien. Pero a veces otra personas, o algún otro factor externo, puede llegar a tener un efecto adverso en lo que estás haciendo. Si esto sucede, el enojo es una reacción natural.

Es natural porque hace tu corazón lata más rápido, eso quiere decir que realmente te importa.

En el presente capitulo hablaremos de lo que te hace hervir la sangre, de lo que te hace llorar, de lo que deseas cambiar y los pequeños pasos que puedes dar para conseguirlo. La sinceridad es crucial cuando se trata de nuestro comportamiento. No sientas vergüenza al reconocerte enojón o caprichoso. Tu cuerpo es tu hogar, en donde tú eres el único habitante, ¿quién más te podría juzgar además de ti? Ningún sentimiento o emoción es malo. Lo que sí es malo es dejar que tome el control total de nuestra vida diaria y de nuestros hábitos. Es por eso que es importante reconocer esos sentimientos y emociones en tu interior.

Cómo identificar lo que te desencadena

Esas emociones o sentimiento se desencadenan en nosotros por múltiples razones. Supongamos que durante una conversación, todo parece normal y tranquilo pero, de la nada, empiezas a sentir temblores, aumento del ritmo cardiaco, ansiedad, desapego, y empiezas a transpirar rápidamente. La razón de esto es que has sido desencadenado.

. . .

Esto pudo ocasionarlo un desacuerdo, por diferentes perspectivas a través de una conversación, o puede que esté relacionado con un trauma. Antes de que todo se salga de control, es importante que consideres lo siguiente cuando te has desencadenado:

1. Presta atención a tu cuerpo. Una de las primeras señales que da tu cuerpo es si comienza a temblar o a sudar, lo que gradualmente se pondrá peor a medida que avanza la situación en la que te encuentras. Posteriormente, puedes comenzar a sentir tensión en los músculos, hormigueo y/o calor. Te recomendamos alejarte y calmarte, o que aprendas algunas técnicas de relajación en caso de que se presenten estos momentos.

A Julián le paso lo siguiente: Julián es abogado. Tiene 30 años y lleva un poco más de tres años ejerciendo para divorcios, actas matrimonio y custodias. Además de tener un trabajo de tiempo completo en la fiscalía, también se dedica a la recaudación de fondos de ciertas causas en su tiempo libre. Juan tiene gran estima por su carrera de abogado. Un día en el trabajo, se le acercaron un grupo de empleados de otro departamento. La plática era bastante amena al principio.

· · ·

Después de unos minutos, las otras personas comenzaron hablar muy mal de la labor de los abogados, cosas como "ese papeleo lo podría hacer cualquier persona", "no es nada del otro mundo", "estos trámites deberían ser más baratos". A Julián, como abogado dedicado con más de 3 años de carrera, esto le enfureció. Pero realmente tenía mucho en su cabeza, muchos pendientes por ver y no se percató de su enojo. No fue sino cuando empezó a sudar, a temblar, sus manos y cuello estaban tensos y sentía un calor insoportable.

Este estado de enojo en ocasiones puede pasar desapercibido para nosotros. Esto puede ser porque estamos en un espacio social o de trabajo, tan inmersos en el ambiente que no racionalicemos nuestro enojo. Es importante estar pendiente de cómo te sientes física y fisiológicamente.

2. Vigila tus pensamientos. ¿Tienes pensamientos negativos en tu cabeza? ¿Tu cerebro te dice que algo es bueno o malo, correcto o incorrecto, agradable o malvado? Cuando tus pensamientos están clasificando las cosas, pueden atravesar por una serie de emociones y una de ellas es la ira.

No juzgues esos pensamiento, mantenlos vigilados.

· · ·

La ira es un sentimiento natural; es una reacción necesaria de tu cuerpo. A pesar de eso, no significa que ese sentimiento deba dominar tu cuerpo ni invadir la mayoría de tus pensamientos. Es una línea delgada, y es indispensable tenerla en cuenta a la hora de actuar.

3. ¿Qué estabas haciendo? El enfado no surge de nuestro interior sin que en nuestro entorno haya un desencadenador. Piensa en lo que ha pasado o se ha dicho que te ha hecho enojar. ¿Acaso tuviste un día estresante? Tal vez discutiste con unos de tus mejores amigos. Sea cuál sea la razón, asegúrate de que tu ira no proviene de ningún otro lugar o situación.

¿Qué te hace hervir la sangre? ¿Qué es lo que te impulsa para defender algo? ¿Qué quieres cambiar en esta sociedad? Si te tomas un momento para reflexionar, lo que te hace enojar es algo que te importa, y probablemente es lo que el mundo necesita.

Cuando prestas atención a cómo te hace sentir algo, puedes encontrar lo que te importa, lo que te entusiasma y lo que te apasiona.

. . .

¿Te molesta cuando el tráfico es malo? ¿Cuándo un animal indefenso es abandonado? ¿No soportas todo el plástico de un solo uso? Ahora ¿lo ves? ¡Existen miles de oportunidades! Averigua que temas son más importantes para ti e intenta resolverlos a través de tu carrera. Cuando le prestes atención a tu voz interior y te enfoques en tus puntos fuertes, comenzará a sentir como te hierve la sangre.

Si algo te hace sentir algo tan profundo, no ignores ese sentimiento y sigue adelante con tu vida. Tienes el poder para cambiar el mundo. Deja ir tu miedo y abraza esa pasión.

Lo que hemos aprendido:

- La ira es un sentimiento que sirve como combustible en muchas ocasiones, y es importante averiguar qué es lo que te provoca. Apasionarse por cosas que te importan es completamente normal. La ira es una señal de una pasión, pero es importante mantenerla bajo control.
- Presta atención a lo que tu cuerpo te está diciendo. Tu cuerpo es sabio, por lo que debes

escuchar todo lo que te está diciendo sobre cómo te sientes.

- La sudoración excesiva, las sacudidas o los temblores son señales de que tu ira se ha disparado.
- Además de escuchar a tu cuerpo, también debes prestarle atención a tus pensamientos. Puede resultar algo difícil, ya que se agolpan en tu mente, pero debes ser precavido debido a que se acumulan hasta convertirse en sentimiento de ira.
- Intenta descubrir el origen de tu ira. ¿Tu ira proviene de algo que está empezando a empañar las relaciones y otras áreas de tu vida?
- La ira no solo debe percibirse como un elemento negativo. Si analizas tu enfado puedes determinar lo que significa y utilizarlo para descubrir tus pasiones.
- Cuando sientes que algo se hace mal, significa que esa cosa te apasiona. Ese enfado te puede demostrar lo que te apasiona.

Preguntas que debes hacerte:

- ¿Qué me provoca?

- ¿Con qué pensamientos o conversaciones provocan que me hierva la sangre?
- Si pudieras cambiar el mundo, ¿qué es lo primero que cambiarías?
- ¿Qué pasiones tengo que me hacen enfadar?

En el siguiente capítulo, hablaremos de una herramienta que, además de ser bastante útil en la comprensión de tu enojo, también te ayudará en la búsqueda de tu pasión: el mindfulness.

7

Introducción Al Mindfulness

Seguramente te has encontrado algunos datos sobre el mindfulness en internet, conversaciones, revistas, etc. Se ha dicho mucho sobre este hábito pero, ¿cómo practicarla realmente? ¿Para qué sirve? ¿En que puede ser útil en este libro?

Puede ser que incluso hayas intentado introducir esta práctica a tu vida o hayas leído sobre su función para ayudar a controlar el estrés. No estás solo: vivimos en un mundo extremadamente acelerado y, en ocasiones, olvidamos de estar atentos a nosotros mismos.

En las siguientes páginas, veremos qué significa realmente el mindfulness y cómo puedes utilizar esta práctica en tu vida cotidiana. ¿Para qué sirve el mindfulness?

Es otro tema en el que profundizaremos y, con suerte, podrás ver por qué el termino se ha convertido tan popular en los medios de comunicación.

¿Qué es el mindfulness?

No es inusual que la gente vea el mindfulness como sinónimo de la meditación. Aunque la meditación es una forma extremadamente poderosa de practicar el mindfulness, no lo es todo.

Según la Asociación Americana de Psicología, el mindfulness es:

"...una conciencia momento a momento de la propia experiencia sin juicio. En este sentido, el mindfulness es un estado y no un rasgo. Aunque puede ser promovido por ciertas prácticas o actividades, como la meditación, no es equivalente ni sinónimo de ellas."

Nadie nace siendo "más consciente" que otras personas.

El mindfulness es un estado que puede ser provocado por medio de la práctica constante. Implica conciencia, e imparcialidad sobre lo que obtenemos de esta conciencia.

. . .

En una sociedad moderna donde las redes sociales, las opiniones, los gustos y los comentarios son más frecuentes, es fácil ver como la reflexión sin prejuicios puede ser un cambio más que bienvenido a nuestras vidas.

Otra definición otorgada por Jon Kabat Zinn, quien goza de un importante reconocimiento mundial por su trabajo sobre la reducción del estrés basada en la atención plena (MBSR): "La conciencia que surge de prestar atención, a propósito, en el momento presente y sin juzgar".

Esta definición es la más aceptada en la literatura profesional y académica, y quizás más descriptiva para quienes quieren iniciar con esta práctica. Además de la conciencia, Kabat-Zinn menciona que centremos la atención consciente en el "aquí y ahora". Esta idea no era ajena para la mayoría de los que practican la meditación, y es por ello que ambos suelen ir de la mano.

Examinando la psicología detrás de Mindfulness

Aunque pueda parecer un mal juego de palabras, el aumento de la concienciación publica sobre el mindfulness ha sido acompañado de un aumento de la literatura académica que examina el concepto.

Esto quiere decir que no es complicado encontrar estudios empíricos sobre la psicología mindfulness.

La mayoría de estos estudios se enfocan en los beneficios de la práctica del mindfulness, algo que profundizaremos más adelante. Mientras tanto, tocamos brevemente algunas áreas de interés para los psicológicos y clínicos por igual.

Estas incluyen:

- **Definir el constructo de forma operativa**, es decir, encontrar una forma científicamente medible (y comprobable) de describir el mindfulness. Bishop y sus colegas (2004) examinan esta cuestión en profundidad en su artículo *Mindfulness: A Proposed Operational Definition*, que resume una serie de reuniones celebradas con este fin;
- **Beneficios del mindfulness:** Cómo su práctica puede ser útil para el bienestar, la calidad de vida y la salud. Entre los temas más populares en este campo, comprensiblemente vasto, se encuentran los efectos del mindfulness en la salud física y cómo puede ayudarnos a gestionar diferentes síntomas;
- **Reducción del estrés basada en la**

atención plena: Cómo el minfulness puede ayudarnos a lidiar con la ansiedad, el estrés y el TOC, entro otros. Un estudio fundamental en este campo fue el realizado por Shapiro y sus colegas (1997), que analiza cómo los estudiantes de medicina y de premédica utilizaron la MBSR para hacer frente al estrés;

- **Terapia cognitiva basada en el mindfulness**, que explora el papel de la atención plena en el tratamiento de la depresión y los trastornos del estado de ánimo.

Ahora bien, vamos desde el inicio de cómo el mindfulness llegó a ser un tema tan infuyente en tantas áreas de la práctica.

Historia y origen del mindfulness

Una de las principales razones por las que Jon Kabat-Zinn se encuentra ampliamente vinculado al concepto de mindfulness es porque generalmente se acepta que se re imagino las prácticas de contemplación budistas para una era secular hace casi 40 años. Y sólo aquí ya sabemos dos cosas importantes.

. . .

Primero, el mindfulness se ha practicado desde hace mucho tiempo. Y segundo, podemos rastrear al menos una gran parte de su popularidad actual en el mundo occidental hasta el trabajo del Dr. Kabat-Zinn en MBSR.

Un buen punto de partida, es la propia historia de Kabat-Zinn, que, también resulta inspiradora. Durante sus años de estudiante del MIT, conocio las filosofías budistas al conocer a Philip Kapleau, un practicante del zen que dio una charla en el instituto. Posteriormente, paso a desarrollar la MBSR en un entorno científico, contribuyendo su aprendizaje de muchos años de enseñanza de la meditación al campo. En 1979, fundó la Escuela de Reducción del Estrés de la Clínica Médica de la Universidad de Massachusetts, donde la MBSR pasó a primer plano.

Conforme el concepto fue ganando adeptos, Kabat-Zinn publicó un libro muy popular titulado *Full Living Catastrophe*, que impulso a que la práctica del mindfulness y la meditación fueran mucho más accesibles a los círculos mayoritarios. Inspirados por las innumerables aplicaciones seculares del mindfulness, los practicantes de todo el mundo han adoptado la práctica tanto en entornos especializados como en contextos cotidianos.

Entonces, ¿Qué se ha tomado exactamente del budismo?

Veamos.

Una rápida mirada a la atención plena y al budismo

La Insight Meditation Society, donde Kabat-Zinn ha estudiado y enseñado la práctica de mindfulness, describe tres propósitos de la meditación de mindfulness en su contexto budista.

1. Conocer la mente: una de las aportaciones de Buda es que, como humano, creamos sufrimiento y problemas en nuestra propia mente. Se piensa que nuestro sentido del "yo", o de quiénes somos, está influenciado por actividades como el egocentrismo, el apego y la discriminación.

Al practicar la reflexión sin juzgar, somos capaces de descubrir más sobre nuestras motivaciones, nuestros sentimientos y reacciones, ser más autoconscientes y, sobre todo, como objetivo de este libro, podrás averiguar más sobre tus pasiones. Es decir, al enfocarnos en el "saber" en vez de juzgar, podemos llegar a estar en sintonía con lo que estamos pensando.

. . .

2. Entrenar la mente: Como ya te habrás imaginado, esta conciencia forma parte de tener la poderosa capacidad de entrenar y dar forma a nuestra mente. (Sólo a modo de apunte, es posible que reconozcas aquí algunas fuertes similitudes con las actividades de reencuadre cognitivo dentro de la TCC de forma más general).

Al volvernos más conscientes de nuestros pensamientos, sentimientos y motivaciones, entre otras cosas, podemos explorar maneras de ser "más amables, indulgentes y espaciosos con nosotros mismos", así como ser más libres al momento de tomar decisiones y, por supuesto, conocernos más a profundidad.

A pesar de lo que sucede a nuestro alrededor, con el mindfulness podemos fomentar la capacidad de estar más relajados, cultivar el desarrollo de la generosidad, la virtud ética, el valor, el discernimiento y la capacidad de liberar el aferramiento.

3. Liberar la mente: Cuando hablamos de liberar la mente nos referimos a la "capacidad de soltar el aferramiento". El no juicio es una parte importante de la filosofía budista, y el tercer propósito es practicarlo contigo mismo.

. . .

Nos deslindamos de los pensamientos y prácticas no beneficiosas a las que nos aferramos, como la ira, el juicio y otras "contaminaciones de visita". Esto ayuda a ver con claridad, a dejar pasar las emociones no deseadas y a permanecer relajados mientras nos abrimos a más de lo que es beneficioso.

Si todo lo anterior parece algo que podría beneficiar tu vida, puede que te interese saber que también existen beneficios empíricamente demostrados de la práctica de mindfulness.

7 beneficios según la psicología

La práctica del mindfulness se ha relacionado a numerosos beneficios, y la popularidad del tema en la psicología positiva significa que probablemente veremos muchos más. A continuación, veremos algunos ejemplos de lo que la psicología ha logrado probar.

1. Mejora la memoria de trabajo: En 2010, Jha y sus colegas, realizaron un estudio sobre la vinculación de la meditación del mindfulness con la capacidad de memoria de trabajo.

. . .

El estudio consistía en comparar muestras de participantes miliares que practicaron el entrenamiento de meditación con atención plena durante ocho semanas con los que no lo hicieron, Jha et al. (2010) encontraron pruebas que sugieren que el entrenamiento de mindfulness ayudó a "amortiguar" las pérdidas de capacidad de la memoria de trabajo.

Además, descubrieron que la capacidad de la memoria de trabajo también aumentaba cuando el primer grupo practicaba la meditación de mindfulness. Los participantes también afirmaron un mayor impacto positivo que a uno negativo.

2. Mayor conciencia metacognitiva: En términos generales, esto se refiere a la capacidad de separarse de los propios sentimientos y procesos mentales, de dar un paso atrás y percibirlos como sucesos transitorios y momentáneos, en lugar de "lo que somos". En el enfoque budista, esto se vincularía con el "conocimiento" y la "liberación" de la mente.

Desde la psicología empírica, se ha teorizado que el mindfulness disminuye los patrones de conducta de pensamiento negativo, aumenta la conciencia metacognitiva y el descentramiento.

A su vez, esto puede tener un efecto positivo para ayudar a evitar recaídas en la depresión.

3. Niveles más bajos de ansiedad: La MBSR ha sido evaluada en una gran cantidad de ensayos aleatorios y controlados que han demostrado su impacto en el alivio de los síntomas de ansiedad. Vøllestad y sus colegas, por ejemplo, encontraron que los participantes que completaron la MBSR tuvieron un impacto positivo de mediano a grande en los síntomas de ansiedad.

También se han encontrado resultados similares en estudios sobre el trastorno de ansiedad social (TAS). Por ejemplo, el de Goldin y Gross (2010), quienes encontraron evidencia que sugiere que el entrenamiento MBSR en pacientes con TAS ayudó a mejorar en los síntomas de ansiedad y depresión, así como en la autoestima.

4. Reducción de la "reactividad" emocional: De igual manera, hay pruebas que respaldan el papel de la meditación de minfulness en la "reactividad" emocional.

En 2007, Ortner y sus colegas, llevaron a cabo una tarea de interferencia emocional donde se solicitó a los participantes con amplia experiencia en meditación de mindfulness que clasificaron los tonos que se daban 1 o 4 segundos después de que se presentara una imagen neutra o emocionalmente molesta.

Aquellos con más experiencia en la práctica de la meditación de mindfulness fueron más capaces de desvincularse emocionalmente, lo que significa que mostraron una mayor concentración en la tarea en cuestión incluso cuando se mostraron imágenes emocionalmente perturbadoras.

5. Mejora del procesamiento de la atención visual: En 2010, un estudio realizado por Hodgins y Adair, comparo el rendimiento de "meditadores" y "no meditadores" en tareas de procesamiento de la atención visual. Los que practicaban la meditación de mindfulness demostraron un mayor funcionamiento atencional a través de un mejor rendimiento en las pruebas de concentración, atención selectiva, y más.

Estos resultados corresponden con hallazgos anteriores de que el entrenamiento sistemático de meditación de mindfulness mejora la atención, la conciencia y la emoción.

. . .

6. Reducción del estrés: La práctica de mindfulness también se ha relacionado con la reducción de los niveles de estrés. Un estudio proveniente de Bränström et al. (2010), quienes encontraron que los pacientes con cáncer que participaron en el entrenamiento de mindfulness tuvieron una reducción significativa del estrés auto reportado que aquellos que no lo hicieron. También mostraron mayores estados mentales positivos y menos síntomas de evitación postraumática, como la pérdida de interés en las actividades.

7. Control del dolor físico: Estudios han demostrado que el entranamiento del mindfulness puede influir en la gestión del dolor subjetivo.

Esta lista podría ir de largo. Incluso existen estudios sobre temas como la reducción de la angustia psicológica, el aumento de la concentración y muchas más aplicaciones de las ideas anteriores en entornos mucho más específicos.

Esperemos que toda esta información haya sido suficiente para empezar a ver cómo el mindfulness puede beneficiar en nuestra vida cotidiana.

La importancia del mindfulness y cómo ayuda

Muchas pruebas científicas respaldan los beneficios de la práctica del mindfulness para lidiar con la ansiedad o el estrés, así como mejorar la capacidad de atención.

También ha demostrado ser de ayuda para lidiar con la depresión, aumentar nuestro bienestar psicológico, controlar el dolor físico e incluso mejorar nuestra memoria. Cuando se trata de la forma en que pensamos y sentimos, ser conscientes de nuestras emociones nos ayuda a cambiar a una mentalidad más positiva y a trabajar para ser una persona "mejor", o al menos, más feliz.

Respecto a las relaciones, como veremos más adelante, tiene un impacto positivo en la forma de comunicarnos y relacionarnos con las personas a nuestro alrededor. Sin embargo, todos los estudios tienen algo en común: para obtener los beneficios, deberás encontrar un método de práctica de minfulness que te funcione.

Por medio de la práctica, ya sea intervención o una meditación, podemos aprender a cultivar el estado mental que nos permite estar atentos cuando sentimos que más lo necesitamos. Si has decidido tomar una clase online o usar una app con meditaciones guiadas como apoyo, estas en el camino correcto hacia tu objetivo.

· · ·

Si aún te quedas más dudas, no te preocupes. En las siguientes páginas, profundizaremos mucho más, brindando algunos ejemplos de cómo el mindfulness puede desempeñar un rol importante de ayuda en tu vida diaria.

Cómo puede afectar el mindfulness a nuestra salud mental

Existen dos maneras en las que la práctica del mindfulness puede ayudarnos a mejorar nuestro vienes mental. La terapia y las intervenciones basadas en el mindfulness adoptan un enfoque más estructurado para abordar los síntomas de la salud mental, mientras que los enfoques menos estructurados pueden encontrarse de muchas formas y abarcan toda una diversidad de temas diferentes. Veamos brevemente ambos.

Terapias e intervenciones basadas en la atención plena

Las enfermedades mentales más prevalentes en el mundo son la depresión y la ansiedad, por lo que no es de extrañar que dos de las intervenciones basadas en mindfulness más conocidas se centran en abordar estos estados mentales.

La Reducción del Estrés Basada en la Atención Plena (MBSR, por sus siglas en inglés), iniciada por el Dr. Kabat-Zinn en la Escuela de Reducción del Estrés de la UMass, es un enfoque grupal. Se enfoca en la idea de que puede utilizarse una gama flexible de prácticas de atención plena para ayudar a las personas a afrontar las dificultades del estrés y las enfermedades mentales relacionadas con la ansiedad. Por lo general, se combina el yoga y/o meditación de atención plena, con diferentes técnicas para aliviar el estrés.

Para la depresión, se ha aplicado la Terapia Cognitiva Basada en la Atención Plena (MBCT) que es un programa de grupo que utiliza para ayudar a las personas con este padecimiento recurrente a reducir sus síntomas y prevenir las recaídas. La MBCT incluye tanto la terapia cognitivo-conductual (TCC) como las prácticas de mindfulness, como la respiración consciente y la meditación. La aceptación es una parte central de la MBCT, ya que los participantes aprenden enfoques para reencuadrar, en lugar de eliminar, sus sentimientos.

Práctica diaria del mindfulness

Muchos de los enfoques menos estructurados para practicar la atención plena incluyen la meditación y el yoga.

Actualmente resulta sencillo acceder a clases, retiros, programas y charlas, pero la forma más sencilla de empezar de inmediato es probar ejercicios especiales que puedes hacer en la comodidad de tu hogar.

¿Puede ayudar a mejorar nuestro bienestar?

Si los datos anteriores aún no son suficientes para convencerte, hay más formas en las que la práctica del minfulness puede ayudarte a mejorar tu bienestar.

El mindfulness puede ayudarte a:

- Regular y expresar tus emociones
- Desarrollar y utilizar mejores estrategias de afrontamiento.
- Distraerse menos fácilmente en actividades no relacionadas con la tarea.
- Ayudar a dormir mejor.
- Practicar la autocompasión.
- Potencialmente, construir la resiliencia.

¿Puede ser perjudicial el mindfulness?

. . .

Así como con los deportes, la práctica de mindfulness también adopta un enfoque responsable para cualquier técnica que elijas y, en la mayoría de los casos, estarás bien. El interés masivo por el mindfulness ha incentivado algunas investigaciones sobre sus posibles desventajas:

Algunas de ellas son:

Formación de falsos recuerdos. En 2015, Wilson y sus colegas, realizaron una investigación cuyos resultados que sugieren que la meditación de mindfulness puede hacer que las personas sean más susceptibles a los recuerdos falsos. Es decir, los participantes que practicaron la meditación de mindfulness en el estudio mostraron algunas deficiencias en su capacidad para monitorear la realidad.

Descartando mentalmente tanto los pensamientos positivos como los malos. Uno de los beneficios de la práctica de mindfulness es descartar los pensamientos negativos. Sin embargo, estudios han descubierto que puede llevarnos a descartar los pensamientos positivos y fortalecedores. Cabe mencionar que este efecto era mucho más notable cuando los participantes escribían físicamente los pensamientos y luego los desechaban, en lugar de limitarse a imaginar el escenario.

Evitar los pensamientos difíciles. Algunos practicantes pueden utilizar el mindfulness para evitar tareas más exigentes desde el punto de vista cognitivo, eligiendo retirarse a un estado de mindfulness en lugar de comprometerse con un problema en cuestión (Brendel, 2015).

Síntomas físicos y psicológicos. Ciertas investigaciones se han encontrado con casos donde la meditación de mindfulness se ha vinculado con posibles adversas. Estas incluyen desrealización, despersonalización y, entre otras cosas, alucinaciones (Lustyk et al., 2009).

Si alguno de tus hallazgos despierta tu preocupación, puede que encuentres los documentos anteriores como una lectura interesante. Nuestra recomendación es que utilices tu mejor criterio cuando pruebes cualquier técnica nueva con la que no estés familiarizado.

Una de las dudas más recurrentes para aquellos que comienzan a instruirse en la práctica del mindfulness: ¿Es lo mismo que la conciencia o la concentración? Es natural preguntarse la diferente de la conciencia y la concentración en general.

. . .

Según Merriam Webster (2019), la conciencia se define como: "Tener o mostrar realización, percepción o conocimiento". Mientras que mindfulness implica conciencia en varios sentidos, también incluye el no juicio y es -en la mayoría de los casos, al menos- una actividad consciente. Ser consciente de que hay una piña en la mesa, por ejemplo, no significa que estemos libres de juicios sobre ella.

Por otro lado, la concentración la define como: "El estado de estar concentrado", es decir, "La dirección de la atención a un solo objeto". Inherente a esta última definición esta la idea de un enfoque intenso en un estímulo, a menudo a expensas de otros. Si suprimimos otras cosas de nuestra atención, no estamos simplemente "dejándolas existir". No podemos estar relajados y aceptar las cosas como son si estamos ocupados suprimiendo nuestra atención en otras áreas.

Lo que no es: Mindfulness vs Mindlessness

La diferencia entre mindlessness y mindfulness puede parecer evidente: en uno se presta atención y en el otro, quizás no tanto. Según Ellen Langer, que ha hecho importantes contribuciones al movimiento de mindfulness, mindfulness y mindlessness son, de hecho, conceptualmente distintos.

96

Es decir, mindfulness describe: "...un estado de conciencia en el que el individuo es implícitamente consciente del contexto y el contenido de la información. Es un estado de apertura a la novedad en el que el individuo construye activamente categorías y distinciones".

Por otro lado, el mindlessness es: "...se caracteriza por un exceso de confianza en las categorías y distinciones trazadas en el pasado y en el que el individuo depende del contexto y, como tal, es ajeno a los aspectos novedosos (o simplemente alternativos) de la situación."

Langer describe el mindlessness como algo que suele estar establecido por una falta (a veces completa) de conciencia, en la que el compromiso cognitivo se hace con la información que se ha recibido. Se presta muy poca atención al contexto cuando alguien está siendo "mindless", a menudo porque una pieza de información parece poco importante al principio, o se recibe como una instrucción.

3 ejemplos de habilidades de mindfulness en la vida cotidiana

Para una mejor compresión, hemos reunido algunos ejemplos concretos de habilidades mindfulness en la vida cotidiana. Posiblemente puedas reconocer algunos de ellos, o que recurras a ellos en situaciones en las que te enfrentas con frecuencia.

1. Caminar de A a B: Con base en los consejos de minfulness anteriormente visto, existen maneras en las que la conciencia y la reflexión sin juicios de valor pueden transformar las actividades ordinarias en una experiencia que se puede disfrutar. Mientras vas camino al trabajo o a la tienda, observa cada paso.

En vez de proceder en automático, toma conciencia de lo que estás haciendo. Observa cómo se siente cada paso, en como la brisa toda tu piel o el efecto del sol sobre tu piel.

Si en tu camino te encuentras con árboles o agua, pon atención a los sonidos y observa los colores. Experimenta todo ello con la atención puesta en el aquí y el ahora.

2. Al hablar con los demás: Utilicemos a Diego y Julián como ejemplo sobre la sintonización sin juicios de valor muestra la atención plena en el trabajo. Diego está descontento con Julián y trata de comunicarle sus sentimientos.

· · ·

Aunque sus palabras salen entre titubeos y llenas de emoción, puede intentar escuchar activamente, es decir, sin emitir juicios.

Sin interrupciones y prestando atención sin elaborar una respuesta en su mente. De esta manera, puede realmente escuchar todo lo que Diego está diciendo y responder de una forma más compasiva y significativa. En vez de empezar una discusión sin escuchar, esto ayuda a ambos a llegar a un resultado más productivo a la vez que profundizan en su relación y construyen confianza.

3. Antes de un gran discurso: Todos hemos experimentando los nervios previos a hablar en público, y es algo completamente normal. Una manera de poner en práctica el mindfulness en esta situación es empezando con una respiración suave. Ubica un espacio tranquilo para tomarte un momento y centrarte en lo que sientes.

En lugar de centrarte en los pensamientos negativos, intenta descentrarte, es decir, acepta y reconoce que así es como te sientes, pero que eso no es lo que eres.

Puedes dirigir tu conciencia hacia las sensaciones físicas que estás experimentando, concentrándose en cada parte de tu cuerpo mientras dejas que se relaje. Fíjate en lo que sientes cuando tus músculos se relajan y dejan de estar estresados.

10 consejos para practicar Mindfulness

Habíamos mencionado que hay maneras de empezar de inmediato. Así que, ¡vamos a explorar algunos consejos!

Esperemos que te sirvan a empezar a practicar mindfulness:

1. Tómate unos momentos para ser consciente de tu respiración.
Tomar conciencia de cómo tu respiración fluye hacia dentro y hacia fuera, cómo tu barriga sube y baja con cada respiración que haces.

2. Toma nota de lo que sea que estés haciendo. Mientras estás sentado, comiendo o relajándote, ¿qué te dicen tus sentidos -no tus pensamientos-?
Observa el aquí y el ahora. Si estás trotando, por ejemplo, observa cómo se siente tu cuerpo con cada movimiento. Si estás comiendo, concéntrate en el sabor, el color y los detalles de la comida.

. . .

3. Si vas a algún sitio, céntrate en el aquí y el ahora. En lugar de dejar que tu cerebro se pierda en los pensamientos, devuélvelos al acto físico de caminar. ¿Cómo te sientes?

Presta menos atención a dónde vas y más a lo que haces al pisar y a cómo sientes tus pies. Este es un buen ejercicio para probar en la arena o sobre pasto.

4. No necesitas estar haciendo algo en cada momento. Está bien sólo... existir.

Simplemente existe y relájate. De nuevo, esto es sobre el aquí y el ahora.

5. Si notas que te centras en alguno de tus pensamientos, enfócate una vez más en tu respiración.

Puedes volver a centrarte en cómo entra y sale la respiración de tu cuerpo, y si con cada respiración puedes sentir que tus músculos se relajan mientras lo haces, eso es aún mejor.

6. Comprende que tus procesos mentales son sólo pensamientos; no son necesariamente verdaderos, ni requieren que actúes.

El mindfulness consiste simplemente en ser, y en estar relajado aceptando las cosas que te rodean tal y como son. Esto también se aplica internamente: es parte de conocer tu mente.

· · ·

7. Intenta escuchar de una manera totalmente libre de juicios.

Puedes notar que eres más consciente de tus propios sentimientos y pensamientos. No los juzgues, simplemente acéptalos.

8. Puede que te des cuenta de que ciertas actividades te hacen desconectar. Estas son grandes oportunidades para practicar una mayor conciencia. ¿Qué estás haciendo o experimentando?

Este es un ejemplo de cómo la práctica de mindfulness puede formar parte de tu día con flexibilidad. Puedes practicar mindfulness mientras conduces, caminas, nadas o incluso mientras te cepillas los dientes.

9. Tómate un tiempo para disfrutar de la naturaleza.

Un entorno tranquilo puede ayudar a sintonizar con mayor facilidad. Además, estar en contacto con la naturaleza tiene muchos beneficios propios para nuestro bienestar.

10. Permítase notar cuando su mente se desvía hacia el juicio. Recuerda que esto es natural y no tiene por qué formar parte de tu "yo".

Liberarnos del juicio es parte de la práctica de mindfulness. Con el tiempo y la práctica te resultará más fácil.

.   .   .

Si te estás preguntando de qué manera el mindfulness puede potenciarnos, ¡recapitulemos!

- El mindfulness puede ayudarnos a manejar nuestras emociones y sentimientos en situaciones de estrés.
- Por medio de la práctica, podemos aprender a descentrarnos de las "formas de ser" negativas y liberar nuestra mente.
- El mindfulness nos permite retroceder un poco y aceptar nuestros propios procesos mentales sin juzgarlos.
- Puede ayudarnos a combatir sentimiento de ansiedad, e incluso a la depresión.
- Introducir el mindfulness a nuestra vida cotidiana puede llevarnos a disfrutar realmente las experiencias con nuevos ojos.
- El mindfulness en las relaciones puede contribuir a una mejora en la escucha, a apreciar más a los demás y a llevarnos bien en el trabajo.
- Estudios sugieren que el mindfulness nos ayuda en los procesos atencionales. Incluso podemos ser capaces de manejar el dolor físico usando esta práctica de meditación.
- Nos ayuda a no reaccionar instantáneamente con la emoción.
- Nos ayuda a ser más conscientes de cómo practicamos la autocompasión.

- La práctica del mindfulness puede ayudarnos a nuestros intentos de desarrollar la resiliencia.

Lo que hemos aprendido:

- El mindfulness es una práctica y filosofía que se remonta al budismo y a las filosofías orientales.
- Es una gran herramienta para el proceso de autoconocimiento.
- El mindfulness resulta bastante utitl para aquellos momentos de tomar decisiones.
- La disciplina del mindfulness, no solo se limita al saber teórico, es algo que necesita llevarse a la práctica.
- El mindfulness suspende todos nuestros juicios y nos permite sentir de manera más plena el mundo, nuestros sentires, a los demás.

En el próximo capítulo, hablaremos de cómo combinar tus intereses y las cosas que se te dan bien en una carrera apasionada.

8

Cómo Transformar Tu Pasión En Una Carrera

Sɪ ɪᴅᴇɴᴛɪғɪᴄᴀs algo en tu vida que te apasiona, aquello que te llena el corazón de alegría, emoción e ilusión, ¿por qué no convertirlo en una carrera? Si, puede dar un poco de miedo, pero puede hacer un cambio significativo en tu vida para comprometerte a hacer realidad tus sueños. El secreto está en combinar lo que se te da bien con tus intereses y aficiones y, con base en tu tipo de personalidad, averiguar cómo puedes convertirlos en una carrera.

Siempre debes tener presente que no debes centrarte en lo mucho o en lo poco que te pagan. Al final del día, no se puede poner precio a hacer lo que te apasiona.

Volvamos al ejemplo de Julían. Lo que a Julian le apasiona es el placer que le produce ayudar a la gente.

A través de esta pasión ha podido crear una carrera satisfactoria que ha abarcado muchos tipos de trabajos diferentes. Pasó de estar atrapado detrás de un escritorio en un trabajo insatisfactorio sin salida a convertirse en un entrenador personal, un padre, un empresario y un pionero del marketing digital. Su carrera lo ha llevado por todo el mundo, el único momento que sintió tener un trabajo fue cuando perdió el rumbo y se centró únicamente en ganar dinero. He ahí la importancia de tener pasión e inyectar tu pasión en lo que haces. Así como Julian, ahora aprenderás cómo fusionar tu pasión con tu carrera.

Empecemos por definir la palabra "carrera". Para la mayoría de las personas, una carrera significa la parte de la vida que se vincula directamente con el empleo. Desde el punto de vista profesional, significa la suma total de los distintos empleos que se pueden tener a lo largo de la vida. Sin embargo, estas definiciones se quedan muy cortas al todo lo que significa la carrera. Nos gustaría que pensaras en la carrera de una manera más amplia, que abarque toda la vida. Piensa en las decisiones que tomas sobre un trabajo o una carrera universitaria como componentes valiosos de un proceso que dura toda la vida.

. . .

Desde esta perspectiva, la carrera puede definirse como la suma total de decisiones que dirigen tus esfuerzos educativos, sociales, económicos, políticos y espirituales y reflejan tus características de personalidad únicas y tus valores vitales básicos.

Entonces, ¿qué es la toma de decisiones en la carrera?

Para comprender esto, debemos empezar por entender el término decisión. Una decisión se puede definir como el acto de elegir. Una decisión, consciente o no, es una respuesta a una pregunta, una preocupación un problema. Las decisiones profesionales adecuadas pueden definirse además como el proceso permanente de hacer elecciones que complementan tus atributos personales y te ayudan a realizar tus valores vitales básicos. De hecho, una decisión profesional debe tomarse con mucho cuidado, ya que influirá significativamente en su dirección, satisfacción personal y auto realización en la vida.

¿El desarrollo de la carrera difiere según la edad? Aunque los fundamentos del desarrollo profesional (autoevaluación, toma de decisiones, conciencia ocupacional, exploración y puesta en práctica) son los mismos independientemente de la edad, las variaciones en la madurez y las experiencias vitales requieren enfoques diferentes.

Algunos especialistas en carreras profesionales creen que la mayoría de los adultos, al igual que los niños y los jóvenes, pasan por una serie de etapas de desarrollo. Por consiguiente, tienen en cuenta la etapa de la vida de una persona antes de seleccionar una estrategia de asesoramiento.

¿Qué es el éxito profesional? El éxito profesional es subjetivo. Para algunos, el éxito profesional se mide por la acumulación financiera y material. Otros basan el éxito profesional en el reconocimiento y la popularidad. Otros creen que el verdadero éxito profesional sólo se consigue ayudando a los demás o haciendo una contribución a la sociedad.

Desde el punto de vista de este libro, el éxito profesional puede llegar cuando se logra el auto realización por medio de lo siguiente:

- Tus valores vitales más profundos y apreciados en cada una de las tareas principales (es decir, el hogar, el trabajo, la escuela y el ocio).

- Tu oportunidad e inspiración para utilizar y desarrollar las habilidades actuales y deseadas
- Su entusiasmo por los logros pasados, actuales y futuros.

Cómo convertir tus pasiones en una carrera

Antes de que puedas convertir tus intereses en una elección de carrera apasionada, primero vas a tener que hacer algunas cosas. Primero, es pensar en tu pasión de la manera correcta. Si tienes pensamiento constantes como "Es demasiado difícil" o ""No sé si soy capaz de hacer esto", simplemente no te llevaran a ninguna parte. Mejor sustituye esos pensamientos por "Lo tengo" y "puedo hacer todo lo que me proponga". Al modificar tu estado de ánimo, se establece un estado positivo y de bienestar, lo que te prepara mejor para lograr tus metas.

El segundo paso a considerar es no tener miedo. Probablemente, durante tu lectura tus nervios han estado a flor de piel y puede que la idea de hacer grandes cambios en tu vida te abrume. Puede que te estés preparando para entrar en el trabajo que haces todos los días y presentar tu dimisión y dar tu preaviso de dos semanas.

. . .

Es completamente normal sentirte raro o sentir vergüenza admitir que te has acobardado en el último momento y te has detenido. No te preocupes, la próxima vez no te detengas. Sigue adelante. Recuérdate a ti mismo que este es tu momento, es tu momento en la vida para ir detrás de tus pasiones, lo que mereces y lo que te hará felicidad.

Echa un vistazo a los siguientes pasos sobre cómo convertir tu pasión en una carrera:

1- Descubre tu pasión: Este proceso es la parte más complicada, aunque te cueste creerlo. Cada uno de los capítulos de este libro te ha acercado más y más a este punto, así que es momento de poner esta información en práctica. ¿Sabes que existe una gran diferencia entre una pasión y un hobby? Un hobby es algo que se te da bien y que realices en tu tiempo de ocio. Mientras que, una pasión es algo con lo que no puedes vivir sin hacer mientras te hace feliz.

2- Determina la demanda: Ahora que has identificado tu pasión, el siguiente paso es ubicar un campo en el que esté tu pasión. Al momento de tomar la decisión del área en que se quiere trabajar, el número de competidores nunca debe ser un factor decisivo.

El mundo es un lugar competitivo, especialmente cuando hay tantos otros que tienen el mismo interés o pasión que tú. El objetivo es estar seguro de que eres y puedes ser el mejor de todos.

3- Haz una investigación: Ahora bien, tienes tu pasión y el campo en donde quieres triunfar, entonces es el momento de investigar cómo llegar a él. Mientras que unas carreras buscan personas motivadas y centradas, otras quieren a personas creativas. Algunos jefes buscan contratar a alguien con un certificado específico, mientras que otros sólo buscan trabajadores con experiencia.

4- Haz un plan: Una vez terminada tu investigación y con notas en mano. Ahora traza un mapa sobre cómo llegar a donde tienes que estar. Establece metas a corto plazo, paso a paso y las acciones que te llevaran a cumplirlas. No permitas que nada se interponga en tu camino, haz un plan B, en caso de que tu plan A no funcione.

5- Prepárate: Para que un empleador realmente te tome enserio, es importante que cumplas con todas las credenciales en esa línea de trabajo. Imagina por un momento que tú eres el empleador mirando tu curriculum. Y pregúntate si contratarías a esta persona.

Si no, ¿por qué no? Si la respuesta es afirmativa, ¿qué hay en este currículum que no te lo pensarías dos veces a la hora de darle el trabajo? ¿Ves a dónde llega este razonamiento?

Lo que hemos aprendido:

- Es posible hacer lo que te gusta para vivir.
- No permitas que los nervios o la ansiedad te detengan para hacer cambios significativos en tu vida. Sigue adelante y supera tus preocupaciones. Si, hacer cambios puede ser abrumador, pero también debería ser emocionante.
- Siempre ten en mente la diferente entre una pasión y una afición. Una afición se define como lo que haces en tu tiempo de ocio. Una pasión es algo de lo que no puedes prescindir.
- Cuando se trata de tus pasiones debes confiar en tus habilidades. Un mercado saturado no debería detenerte de seguir tu pasión como carrera, aunque es importante estar consciente de la demanda que existe para tus habilidades.
- Realiza una investigación de lo que necesitas para sobresalir en tu campo. ¿Necesitas un diplomado en particular? ¿Más información? ¿Qué libros debes consultar?

- Reúne toda la información de tu investigación y elabora un plan de acción sobre cómo vas a conseguir tu objetivo.
- Si quieres que los empleadores te tomen enserio, es importante que no te desvíes de tu plan de acción para parecer lo más profesional posible.

Preguntas para hacer a ti mismo:

- ¿Qué harías si no tuvieras limitaciones?
- ¿Qué es lo que he querido hacer, pero no lo he hecho por miedo?
- ¿Qué pequeños pasos puedo dar ahora mismo para convertir mi pasión en una profesión?
- ¿Cuáles son los diferentes campos que rodean mi pasión?
- ¿Qué campo me interesa?
- ¿En qué seré bueno?
- ¿Qué habilidad de esta carrera que me apasiona se me daría naturalmente?

En el siguiente capítulo, aprenderemos cómo nuestros miedos nos limitan para conseguir nuestras metas. También te brindaremos algunos consejos o estrategias para vencer esos miedos para que puedas tener éxito haciendo lo que te apasiona.

9

Enfrentándote A Tus Miedos

EL MIEDO ES algo que aprendemos desde muy pequeños. Nos ayuda con nuestras creencias instintivas e impide que hagamos cosas perjudiciales. El miedo surge cuando nos encontramos frente a algo desconocido. Por ejemplo, sabes que no debes poner la mano sobre un quemador al rojo vivo para evitar una quemadura de tercer grado.

Esto es miedo.

Esta clase de miedo es nuestro instinto de supervivencia. El miedo se vuelve problemático cuando dejamos que se apodere completamente de nosotros.

. . .

Cuando el miedo toma el control de nosotros, nos limita para hacer cosas positivas para nosotros mismos. Por ejemplo, cuando tienes una gran exposición, pero temes hablar en público, así que la pospones y lo dejas para otro día obteniendo una mala calificación en el trabajo. Otro ejemplo, supongamos que quieres irte de vacaciones a un lugar lejano a casa pero te da miedo volar, entonces pospones tu viaje y renunciar a ese lado aventurero por miedo.

Hacer cosas por primera vez siempre nos va a provocar aprensión y miedo, pero es importante superarlo si quieres cambios significativos en tu vida. Nadie dijo que sería sencillo. Si perseguir tus pasiones sería tarea fácil, entonces nadie dudaría en hacerlo. La mayoría de las personas que conoces que han decidido quedarse en un trabajo aburrido sin ir detrás de lo que realmente aman es por miedo de salir de su zona de confort. Es un lugar seguro y conocido, donde no hay riesgo alguno. Es completamente normal temerle a los cambios y a los riesgos, pero también nos sentimos atraídos por ellos, así que vive la vida al máximo, ¡ve por ello!

Acciones para dejar ir el miedo

. . .

El miedo puede funcionar únicamente de dos maneras: puede detenerte o impulsarte. A continuación te presentamos tres maneras de superar el miedo e ir por tus sueños.

1- Haz menos. Sé más: Para reflexionar sobre esto, hazte la siguiente pregunta: si tuvieras 24 horas de vida ¿qué harías con ese tiempo? ¿Y cómo te sentirías con los últimos minutos que te quedan? ¿Por qué esperar a estar en el lecho de muerte para responder a estas preguntas? Mejor respóndelas ahora y establece objetivos para cumplir antes de llegar a la recta final de tu vida.

2- Planea menos. Vive más: Estoy felizmente casado y he viajado a más de treinta países de todo el mundo. No lo planeé, simplemente sucedió. No esperaba ser un empresario de éxito. Simplemente di los pasos necesarios para conseguirlo. Esto es un ejemplo.

Cuando planeas, los planes pueden fallar. Cuando vives en el aquí y el ahora, vives el momento tomando los desafíos como vienen. No permitas que el miedo te impida vivir.

· · ·

3- Retén menos. Crea más: en ocasiones nos encontramos queriendo controlar lo incontrolable. Cuando aprendemos a dejar ir lo que no se puede arreglar o controlar, aprendemos a ser más creativos con las cosas que podemos controlar. Tener este estado mental aleja nuestros pensamientos temerosos y nos ayuda a darnos cuenta de quiénes estamos destinados a ser. Sin juicios ni etiquetas. Simplemente aprende a afrontar las cosas como vienen.

Formas de afrontar tus miedos

Con frecuencia, el miedo te frena. Es momento de combatir ese estado mental y salir de él. Aquí te brindamos algunos consejos para enfrentarte a tus miedos y disfrutar la vida asumiendo los riesgos.

1- Sé consciente del miedo al que te enfrentas. No es necesario enfrentarte a todos tus miedos a la vez. Por el momento, enfócate en el miedo que te impide vivir tu pasión. Ten un momento de reflexión contigo mismo y piensa realmente que miedos te impiden vivir una vida plena. Escribe una lista con los pros y los contras de esos miedos. A continuación, piensa en cómo podría ser tu vida si te enfrentaras a ellos.

. . .

2. Pregúntate sobre los riesgos. Ten en mente que solo porque algo parezca aterrador no significa que lo sea. Investiga sobre tus mayores temores. Cuanto más sepas sobre algo, menos miedo te dará.

3. Terapia de exposición. Un miedo no tiene por qué superarse de la noche a la mañana. Por ejemplo, si te da miedo hablar en público, primero habla contigo mismo frente al espejo durante unos minutos. Lo siguiente es practicar frente a alguna persona de confianza y luego unos pocos a la vez hasta que finalmente en público antes un par de persona y así sucesivamente. Con la práctica, ese miedo ya no podrá controlarte. Si te da miedo hablar con la gente, ve abriendo tu círculo social poco a poco y comienza amigar con personas nuevas. En poco tiempo te encontraras dominando el arte de la chalar y podrás hacerle plática a cualquiera.

Prueba para acudir a un terapeuta

En caso de que no hayas tenido mucho éxito enfrentado tus miedos por tu cuenta, o tu miedo puede estar relacionado con una condición de salud especifico, como un trastorno alimenticio, un trastorno de ansiedad social o un TEPT, puedes buscar la ayuda de un profesional de la salud mental.

Si tienes una fobia específica, que es un trastorno de ansiedad persistente y diagnosticable, puede que no te sientas preparado para vencer tus miedos por ti mismo lo que no tiene nada de malo, únicamente necesitas apoyo extra.

Por ejemplo, un terapeuta cognitivo-conductual puede ayudar a desensibilizarte de tus miedos paso a paso. En su mayoría, los profesionales de la salud mental se sienten cómodos tratando una variedad de miedos y fobias que van desde el miedo a hablar en público hasta la aracnofobia.

Los tratamientos pueden enfocarse en hablar de lo que te asusta, practicar estrategias de relajación y controlar tu ansiedad mientras te enfrentas a tus miedos. Un terapeuta puede ayudarle a ir a un ritmo que le resulte cómodo y saludable.

El tratamiento para afrontar los miedos puede incluir:

- Terapia de exposición (terapia de inmersión): El principio subyacente de la terapia de exposición es que, a través de la práctica y la experiencia, te sentirás más cómodo en situaciones que de otro modo evitarías.

- Teoría psicoanalítica: El psicoanálisis pretende curar el miedo o la fobia desenterrando y resolviendo el conflicto original.

- Terapia de aceptación y compromiso (ACT): La terapia de aceptación y compromiso consiste en aceptar los miedos para que sean menos amenazantes y tengan menos impacto en la vida.

Por qué puede ser peor evitar los miedos

Evitar las situaciones que te hacen sentir miedo únicamente te dará una sensación de alivio momentánea, la evitación puede provocar un aumento de la ansiedad a largo plazo. Al evitar completamente tus miedos, le comunicas a tu amígdala (el centro del miedo en tu cerebro) que no puedes manejarlos.

Si por el contrario, te enfrentas poco a poco a tus miedos, en pequeñas dosis que no te abrumen, puede ayudar a disminuir la ansiedad "habitando" tu amígdala, o dejando que tu cerebro se vaya acostumbrando.

La revista Sciencia público un estudio realizado con animales donde afirma que el cerebro tiene que experimentar una exposición repetida al miedo para superarlo.

Los investigadores colocaron a los roedores en una pequeña caja y les dieron una leve descarga. Luego, durante un largo periodo, colocaron a los mismos roedores en una caja sin administrarles descargas. Al principio, los ratones se quedaban paralizados, pero con la exposición repetida eran capaces de relajarse. Aunque la investigación con animales no es directamente aplicable a los seres humanos, la idea que subyace al hecho de enfrentarse a los miedos pretende conseguir un resultado similar.

¿Debes enfrentarte a tus miedos?

No tenemos la obligación de vencer cada uno de nuestros miedos. Por ejemplo, tal vez tengas miedo a los tsunamis pero podría no ser perjudicial en tu vida si vives a 1.000 millas del océano. Sería una historia diferente si vives en la costa y entras en pánico cada vez que oyes hablar de terremotos, tormentas o mareas altas porque crees que puedes estar en peligro, o evitar ir a unas vacaciones que de otro modo disfrutarías en un esfuerzo por evitar acercarte a aguas abiertas.

Tomate un momento para auto reflexionar sobre lo que tus miedos te impiden hacer, y considera si es un problema que debes afrontar. ¿Tus miedos provocan que lleves una vida menos satisfactoria que la que esperabas?

Vuelve a las listas, puede ayudar escribir los pros y los contras de no enfrentarte a tu miedo. Luego, identifica los pros y los contras de enfrentarte a tus miedos. Y finalmente, escribe lo que podrías lograr o cómo sería tu vida si superas tu miedo. La lectura de esas listas puede ayudarte a tomar un decisión más clara sobre qué hacer a continuación.

Miedo frente a fobia

Antes de decidir si enfrentarte a tu miedo por ti mismo, es importante que aprendas a distinguir un miedo regular y una fobia. Los psicólogos afirman que la diferencia clase es la fuerza de la respuesta de miedo y su impacto en la vida de la persona. Ambos generan una respuesta emocional, la diferencia es que la fobia provoca una ansiedad desproporcionada con respecto a la amenaza percibida, hasta el punto de interferir en la capacidad de funcionamiento de la persona.

· · ·

Por ejemplo, el miedo a volar puede provocar ansiedad ante un próximo viaje o hacer que consideres un medio de transporte alternativo, pero si tienes aerofobia (fobia específica a volar), entonces podría llegar a afectar tu vida diaria.

Puede que ocupes muchos de tus pensamientos al día preocupándote por volar (incluso cuando el viaje no es inminente) y evitando los aeropuertos. Tu ansiedad puede dispararse incluso si un avión pasa por encima. Te puede ser imposible abordar un vuelo. Si subes a un avión, es probable que experimentes una respuesta fisiológica grave como sudoración, temblores o llanto. Aunque el tratamiento de la fobia puede incluir perfectamente un elemento de enfrentamiento al miedo en forma de terapia guiada, también puede incluir medicación o terapias alternativas.

No hay mejor manera de vencer un miedo que enfrentarse a él de frente, pero es importante hacerlo cuidando tu integridad y no de una manera que te traumatice. Si por ti mismo te resulta complicado, puedes apoyarte de un profesional de la salud mental quien puede guiarte gradualmente a través de las situaciones que temes, asegurándose de trabajar primero en los patrones de pensamiento que te mantienen atascado

. . .

Lo que hemos aprendido:

- El miedo puede impedirnos hacer cosas que podrían resultar malas para nosotros, pero no debemos dejar que nos limite en cosas buenas.

- Haz una lista de todas las cosas que harías si sólo te quedaran otras 24 horas de vida. Esta tarea puede servirte de impulso para hacer todo aquello que te provoca miedo.

- Los planes son buenos, pero planificar cada segundo puede ser contraproducente. No planifiques en exceso a costa de hacer las cosas de verdad.

- No te agobies por las cosas que están fuera de tu control, trabajar en conseguir las cosas que están a tu alcance.

- Si estás preocupado y tienes miedo, intenta determinar qué es lo que te hace sentir así.

- Es claro que la respuesta fácil es "riesgo" o "cambio", pero ve más allá. ¿Qué hay en el riesgo o en el cambio que te produce ansiedad? Conforme más entiendas tus miedos, más podrás racionalizarlos y controlarlos.

- Enfrenta tus miedo, incluso poco a poco, para acostumbrarte a ellos. Cuanto más lo hagas, menos te asustaran las cosas.

Preguntas para hacerte a ti mismo:

- ¿Qué es lo que deseo en secreto pero siento que no puedo tener o lograr? ¿Por qué?
- Si no tuviera miedo de conseguirlo, o si lo tuviera, ¿qué haría con él?
- Si dieras pasos ahora mismo, ¿dónde estarías dentro de cinco años?
- Si no doy pasos para enfrentarme a mis miedos, ¿dónde estaré dentro de cinco años?
- Si supiera que no hay posibilidad de fracasar, ¿cuál es el siguiente paso que daría?
- Si tuviera la completa seguridad de que voy a tener éxito, ¿qué pasos daría?

Ahora que nos hemos instruido para vencer y enfrentar nuestros miedos, podemos explorar cosas nuevas y adentrarnos en ellas. Si, probar cosas nuevas es tomar muchos riesgos pero vale la pena cada segundo de la experiencia. Entonces, continúa leyendo para saber más.

10

Prueba Nuevas Cosas

AHORA QUE HEMOS ABORDADO el tema sobre el miedo, es fácil afirmar el hecho de que probablemente has dejado que el miedo te frene porque tenías miedo a lo desconocido. Las nuevas experiencias nos ayudan a descubrir cosas nuevas sobre nosotros mismos. Cuando dejas de lado el miedo a probar algo nuevo, puede que descubras que te encanta.

Ahora piensa en cosas que hayas querido probar antes, o en cosas que nunca hayas hecho. Imagina que es como ir al cine con tus amigos. A veces, tus amigos eligen algo que no te gusta, luego te convencen para que te lo pruebes y resulta que te encanta. ¿Has estado alguna vez en esta situación? La vida también puede ser así.

· · ·

Veamos el ejemplo de Fernando. Él decidió aventurarse en el mundo del marketing digital que era un sector que apenas iba en crecimiento. Tenía mucho por aprender, pero era emocionante y podía ver el potencial. Si, Fernando experimento miedo al empezar algo nuevo, pero tenía el presentimiento de que una vez que empezara y conociera los entresijos del marketing digital, resultaría una empresa muy satisfactoria. Tenía que absorber mucha nueva información especialmente porque cada semana salía algo porque el mundo del marketing digital es algo acelerado. Fernando creía en su pasión y sabía que eso le llevaría a través de los momentos difíciles de duda sobre este nuevo camino. Al final, después de muchas luchas y esperanzas, Fernando tuvo éxito. Lo importante era que había dado el paso de probar algo nuevo.

Seis cosas que debes de probar al menos una vez

Ya sea algún deporte extremo, como el ciclismo de montaña, o algo tan sencillo, como probar un nuevo té, hazlo. Haz a un lado el miedo y aviéntate. Te brindamos una lista de seis cosas nuevas que debes probar al menos una vez en tu vida, y por qué.

1- Prueba un nuevo deporte: Aprender un deporte te supondrá un reto.

Puede ser yoga, corre, futbol, voleibol o incluso hockey, probar un nuevo deporte puede enseñarte a programar tu tiempo en torno a tu vida para hacer algo para ti. Además de ser divertido, es bueno para tu cerebro y, lo mejor de todo, no da miedo, así que es un buen comienzo. Hacer algo activo puede sacarte de tu tenso y ajetreado estilo de vida y hacerte sentir mejor contigo mismo. Sin saberlo, tu pasión podría ser la el tenis o el paracaidismo. El impulso de la adrenalina que sientes al hacer deporte puede ayudarte a ver una nueva perspectiva del mundo que te rodea.

2- Adopta un nuevo hobbie: un nuevo hobbie no necesariamente tiene que ser algo activo. Puede ser algo como dibujar, coleccionar algo o enseñar. Los pasatiempos son un escape social que te introduce en un mundo de actividades de grupo como las cartas, le poesía o los grupos de lectura. Ser social con los demás te permite aliviar el estrés de forma natural y estar más sano. Cuando haces algo que te gusta, te sientes satisfecho. Estudios han comprobado que llevar una vida más satisfactoria es igual a vivir más tiempo y de una manera más saludable. Así que adelante, elige una nueva afición y sal al mundo.

3- Sal de tu zona de confort. Si, probablemente estés pensando: "salir de mi zona de confort es cambiar, y el cambio da miedo, es impredecible". En realidad, salir de tu zona de confort no da tanto miedo como piensas. Si no te gustan las multitudes, haz lo imposible e impensable como cantar en un bar de karaoke. Comienza una conversación con un desconocido en una fiesta, ayuda a los indigentes o deja que uno de tus amigos te apunto a algo que le guste pero que creas que no. Una idea: acude a una cita a ciegas. Lo que sea, sal de tu zona de confort.

Te prometo que no hay mejor manera de conocerte a ti mismo. Puede ser que te termine gustando algo que creías imposible.

4- Viaja. Sal a conocer el mundo. Muchas experiencias personales compruebas que el viaje resulta estimulante, lleno de acontecimiento, y puedes aprender mucho de diferentes culturas. Salir de tu ciudad, sin ir tan lejos, puede ser una experiencia desafiante y gratificante. Te ayudara a crecer y te hará adquirir diferentes perspectivas. Conocer un contexto completamente distinto al tuyo puede hacer apreciar la vida que ya tienes, e incluso puede que conozcas a algunas personas en el camino. Es una gran manera de escapar, y es divertido explorar las diferentes maravillas del mundo.

. . .

5. Haz voluntariado. Hacer voluntariado es una de las actividades más gratificantes para el alma. Ayudar a los demás de una manera desinteresada da un impulso natural a nuestro corazón. Cuando hagas voluntariado, conocerás a muchos tipos de personas con estilos de vida muy diferentes a los tuyos, lo que abrirá tu mente a las muchas posibilidades de tu lado apasionado. Además es genial para tu curriculum, y obtienes la experiencia del mundo real. El voluntariado es contribuir a mejorar el mundo que habitamos. Ayudar a la comunidad y defender una causa en la que crees te hará sentirte bien contigo mismo. Así que anímate y pruébalo.

6- Aprende algo nuevo. Si algo es seguro, es que después de probar una o varias de estas cosas, habrás aprendido algo nuevo. Ya sea sobre ti mismo, sobre el mundo o sobre cualquier otra cosa, es una sensación de logro y orgullo. Además, aprender algo contribuye a tener una salud emocional y física en buenas condiciones.

Lo que hemos aprendido:

- Probar cosas nuevas es una de las mejores maneras de conocerse a sí mismo.
- Puede ser una experiencia gratificante.
- Los nuevos pasatiempos ayudan a entablar

nuevas relaciones y una vida social sana puede ayudarte a aliviar el estrés y ser más feliz.

- Existen muchas opciones para superar los límites de tu zona de confort y probar cosas nuevas.

- El voluntariado no solo ayuda a otras personas o ciertas causas, sino que también te ayuda a conocer gente interesante y a adquirir nuevas habilidades.

- Prueba un nuevo deporte, viaja a un lugar lejos de casa para tus vacaciones en lugar de ir siempre al mismo lugar.

- Toma la iniciativa de aprender algo nuevo. Esto no sólo te ayudará a descubrir cuáles son tus pasiones, sino que te ayudará a vencer tu miedo a hacer cosas nuevas.

- Cuanto más salgas de tu zona de confort, más logros alcanzarás en tu vida.

Preguntas para hacerte a ti mismo:

- Un nuevo deporte que puedo probar sería...
- Un nuevo hobbie que me gustaría adoptar ahora es...
- ¿Qué puedo hacer este fin de semana que esté fuera de mi zona de confort?
- Un lugar al que me gustaría viajar es…
- Un pequeño paso que puedo dar ahora para encontrar oportunidades de voluntariado es...

- Lo que siempre he querido aprender es...

Una vez que hayas encontrado tu verdadera pasión, ¿qué sigue? No creas que el camino ha terminado, aún queda mucho por hacer y lo veremos en el siguiente capítulo.

11

Has Encontrado Tu Pasión, ¿Ahora Qué?

AHORA BIEN, has completado los pasos de este libro. Seguramente te estarás preguntando que sigue. Has encontrado tus intereses, sabes en qué eres bueno, has investigado y hecho tus deberes, y ahora eres más consciente y estás listo para sumergirte. Pero, ¿cómo? ¿Por dónde empezar? Lo primero que es IMPORTANTE hacer es asegurarte que has encontrado tu pasión, y luego podrás enfocarte a encajar tu pasión en tu apretada agenda.

Al principio podría ser un poco complicado, sobre todo porque tendrás este conflicto interno. Cuando tu trabajo habitual te parece aburrido puede ser difícil querer separarte de tu pasión. Gestionar el tiempo puede resultar difícil al principio, sobre todo cuando pases de una cosa a otra, o tomes medidas para hacerlo.

Como hemos dicho, el dinero no lo es todo pero sigue siendo importante, así que tendrás que seguir cumpliendo con tus obligaciones para tener tus ingresos fijos. Al mismo tiempo debes asegurarte de no desviarte de tu meta. Mantén vivo el fuego de tu pasión para no caer en la tentación de quedarte en donde estas y centrarte únicamente en ganar dinero. Si, tener un sueldo es importante pero también lo es tu pasión, después de todo es lo que te trajo a consultar este libro.

¿Cómo sabes que has encontrado tu pasión?

Encontrar tu pasión es algo bastante positivo para tu vida, sin importar si has buscado activamente siguiendo los pasos de este libro así como lo hayas encontrado por curiosidad. Una vez que hayas encontrado tu pasión, no podrás ser más feliz. Algunas personas encuentran su pasión por medio de una investigación de mucho tiempo, tomando clases o viajando. Aunque claro, en ocasiones la vida te lanza ciertas piedras en el camino que te pueden causar estrés, pero ahora enfoquémonos en cómo saber si has encontrado tu pasión.

1- Retroalimentación positiva: Si de joven fuiste el único en llevar a cabo algo que a todo mundo le gustaba, bien, encontraste tu pasión.

Siempre es empoderador que alguien te diga lo bueno que eres en lo que sea que estabas haciendo. Así que presta atención a la retroalimentación positiva de cuando alguien te dice, que estabas destinado a hacer esto.

2- Cuando estás en tu elemento, lo que estás destinado a hacer te resultará fácil. Es tu don, has venido a este mundo para esta actividad. Si notas que otras personas no pueden hacer esto con tanta facilidad como tú, es una señal más que directa de que has encontrado tu don.

3- Estás obsesionado por saber más. Otra señal clara de que has encontrado tu pasión es que una vez que la encuentras simplemente quieres saber más y más sobre el tema. Ya no te limitas a investigar. Sacas de la biblioteca libros relacionados con tu pasión. Te desvives por recopilar más y más información. Puede que incluso te encuentres soñando con ello.

4- El tiempo no existe. El tiempo no parece pesar cuando estás poniendo en práctica tu pasión. Estas tan atrapado practicando y haciendo lo que te gusta que apenas te das cuenta de que han pasado horas.

. . .

5. Eres resiliente. Te enfrentaras al fracaso numerosas veces cuando pones en práctica tu pasión. Sin embargo, a diferencia de otros trabajos o intereses que has tenido, te vuelves a levantar y lo intentas de nuevo. Toda esa emoción que sientes por tu pasión puede más que cualquier cosa. Deseas tanto volverte en un profesional en cada tarea que se vincule con tu pasión.

Cómo gestionar el tiempo para tu pasión

Una vez que te hayas asegurado de haber encontrado tu pasión, es el momento de construir un horario en torno a tu vida para hacer de tu pasión parte de tu día a día.

1- Planificar eficazmente. Si actualmente tienes un trabajo, y una familia, lo primero que tienes que hacer es revisar tu agenda. Cada dos horas, anota lo que estás haciendo en ese momento. Esto te ayudara a saber con cuanto tiempo al día cuenta para tu pasión. Por ejemplo, si alguna vez acabas de revisar tus redes sociales en busca de mensajes, y luego te encuentras treinta minutos después navegando por la web, este es tu tiempo de inactividad.

· · ·

2- Aprende la palabra "no". Cuando constantemente dices que "si", únicamente estas apretando más y más tu agenda. Cuando aprendes a decir "no", puedes liberar tu tiempo y usarlo para poner en practica tu pasión. Al revisar tu agenda y tus pendientes, averigua qué es lo que te entusiasma hacer o lo que es más importante mantener. Consérvalas y elimina o cancela el resto.

3- Apúntate a una clase. Como eres novato en esto de seguir tu pasión, y dejar las cosas de lado para ti, puede ser una buena idea apuntarte a una clase relacionada con este campo en el que quieres sumergirte. De preferencia, debe ser una clase que tomes regularmente. El propósito de esto es que te acostumbres a un horario diferente para ti. Además, podrás tener un espacio en el que podrás conocer gente nueva con los mismos intereses. Colaborar es siempre algo bueno cuando se aprende algo nuevo.

4- Ten cuidado de no hacer cambios extremos de la noche a la mañana. Si estas determinado a seguir tu pasión, entonces hazlo paso a paso y constante. No esperes que aprenderás y conocerás todo en poco tiempo.

Vas a necesitar años de experiencia y conocimientos para llegar a donde quieres llegar.

. . .

Asegúrate de estar completamente preparado para lo que esta elección de carrera va a suponer para ti.

Una vez que te estés completamente preparado, las tareas que vendrán con este nuevo trabajo no serán tan estresantes o abrumadoras.

Ser optimista

Mantener el optimismo durante todo el proceso es clave; esto nos ayudará a querer buscar y ejercer nuestra pasión una y otra vez.

Ser una persona optimista trae muchos beneficios a nuestra vida. Investigaciones han podido comprobar que las personas optimistas suelen tener más éxito, tanto en su vida personal como profesional.

En el campo laboral su éxito se debe a que se sienten con más energía por lo tanto, son más productivos. Un estudio relaciona el optimismo aprendido con una mayor productividad en las ventas.

· · ·

Explicaba que la naturaleza de la venta es que incluso el mejor vendedor fracasará mucho más que tendrá éxito, por lo que "las expectativas optimistas son fundamentales para el éxito", ya que ayudan al vendedor a superar los inevitables rechazos.

Generalmente se cree que el éxito genera optimismo, cuando en realidad se ha comprobado que una actitud y mentalidad optimistas conducen al éxito. También, el estudio utiliza a un vendedor como ejemplo; mientras que un pesimista podría perder la esperanza y rendirse, un optimista perseverará y atravesará una barrera invisible.

Usualmente se tiende a malinterpretar la incapacidad de perseverar y tener éxito como pereza o falta de talento. Se ha descubierto que aquellas personas que se rinden fácilmente rara vez cuestionan su propia interpretación del fracaso o el rechazo. Mientras que, las personas optimistas son capaces de ver el lado positivo del fracaso y se esfuerzan por ser mejores. Además, el optimismo no solo mejora la vida profesional. Durante un estudio, se analizó equipos deportivos y descubrió que los equipos más optimistas creaban más sinergia positiva y rendían más que los pesimistas.

. . .

Otro beneficio del optimismo es que te permite ser expansivo. Te abre a nuevas ideas, nuevas experiencias y nuevas posibilidades. Te permite consideras nuevas opciones en todos los aspectos de tu vida, y mejorarla.

Las personas optimistas son más felices porque se imaginan los acontecimientos positivos de forma más vívida y esperan que ocurran antes. Todo esto impulsa el sentimiento de anticipación, que es mayor cuanto más placentero es el acontecimiento anticipado, cuanto más vívidamente podemos imaginarlo, cuanto más probable creemos que es que ocurra y cuanto antes ocurra. Por supuesto, tiene sentido que tener un sentimiento de esperanza y una actitud positiva sobre el futuro nos haga estar más contentos en el presente.

El optimismo aprendido, o el talento para la positividad, se base en que puede enseñarse y aprenderse cambiando conscientemente la conversación interna negativa por la positiva. Este estilo de entrenamiento cognitivo puede cambiar la forma de pensar, independientemente de los aprendizajes inconscientes o del condicionamiento social.

No solo es posible crear un entorno más optimista para uno mismo sino que también para los demás, esto puede suceder por medio de un feedback optimista.

Nuestras palabras son poderosas, por lo que la manera en que damos explicaciones a los demás por las cosas que les ocurren afecta su estado de ánimo y a su productividad del mismo modo que nuestro auto crítica nos afecta a nosotros.

En otras palabras, una retroalimentación optimista debe ser personal, general y permanente. Es mejor decir "¡Has jugado muy bien, como siempre!" en vez de "¡El otro equipo ha jugado mal, has tenido suerte!". Por otro lado, la crítica optimista debe ser impersonal, específica y temporal para que las personas se sientan alentadas a mejorar.

Al dar retroalimentación optimista, y alentar a otros a hacerlo también, puede crear un ambiente positivo y de alto rendimiento en el que todos prosperarán. Su comunidad y su cultura florecerán, y usted cosechará los beneficios junto con todos los demás.

Lo que hemos aprendido:

- Habrán muchas señales en tu vida que te demostraran que has encontrado tu pasión.
- Si continuaste haciendo algo que te gustaba de

joven, cuando la mayoría de las personas lo han abandonado, es una gran señal de que eso es tu pasión.

- Pon atención cuando alguien te felicita por hacer algo bien. Es otra señal clara que puedes haber encontrado tu pasión.

- Que algo te resulte fácil no quiere decir que no tenga valor. Recuerda que aquello que es fácil para ti, puede no serlo para otros, otra señal de que has encontrado tu pasión.

- Sabes que has encontrado una pasión cuando no te cansas de leer sobre ella.

- Si el tiempo no te pesa mientras este absorto en algo, es una señal clara de que has descubierto tu verdadera pasión.

- Puede que te derriben muchas veces mientras practicas algo, pero a diferencia de otras cosas, sigues intentándolo y no te rindes. ¡Eso es pasión!

- Gestiona tu tiempo de tal manera que tengas tiempo para tu pasión.

- Aprende a decir "no" cuando otros intentan invadir el tiempo que has reservado para tu pasión.

- Inscribirse a una clase es una manera estupenda de conocer personas con ideas afines así como para programar tiempo para tu pasión, como se sugirió en el capítulo anterior.

- El miedo al cambio no te llevara a ningún lado, pero recuerda que no hay que hacer demasiados cambios en poco tiempo. Tómatelo con calma y, con el tiempo, se te abrirán las puertas.
- ¡Se optimista! Esto te ayudará a seguir en el camino hacia tu pasión.

Ahora, nuevas preguntas para que te hagas:

- Mi objetivo en un año es...
- ¿Qué puedo hacer para que mi pasión sea un elemento de mi vida?
- ¿Qué pasos debo dar para convertirme en uno con mi pasión?
- ¿Cuál es mi objetivo final?
- Si continúo, ¿dónde estaré dentro de 5 años? ¿10 años? ¿20 años?
- ¿Cómo me sentiré con esta pasión en mi vida?

Descubrir tu pasión, eso que se te da bien, es lo primero que puedes hacer para tener una vida más plena. Si sigues las instrucciones y consejos de este libro, seguro no te decepcionaras.

12

Las Preguntas Para Hacerte Una
Y Otra Vez

Bueno, hemos llegado al capítulo final. Ahora cuentas con todas las herramientas posibles para que descubrir tu pasión y cómo experimentar e integrarla en tu vida. El propósito de este capítulo no es ofrecer nuevas estrategias, sino que se resumirá en un solo apartado todas las preguntas que te has estado haciendo a través de cada capítulo de este libro. Esto va de acuerdo al plan de ayudarte en este proceso de encontrar tu pasión. De esta manera, no será necesario que regreses a cada capítulo para ver las preguntas correspondientes, sino que en este capítulo 12, podrás encontrar todas.

Recuerda que este libro no es solo para leer; no incitamos la pasividad del lector que al terminar de leer algo inmediatamente quede en el olvido. No, en este libro se te invita constantemente a una participación activa.

Puedes ubicar esta participación activa al final de cada capítulo en el apartado de preguntas. Tú, con tu cuaderno, al finalizar la lectura de este libro, terminaras con una serie de ejercicio escritos en tu libreta. Y eso no termina ahí. Si con cada capítulo dabas un paso más a tu autoconocimiento, eso significa que los ejercicios que tengas respondidos en tu libreta nunca serán definitivos: la vida del ser humano se trata justamente de un autoconocimiento continuo y sincero.

A pesar de que podría parecer que respondas lo mismo a un ejercicio ya resuelto; hazlo de nuevo: de seguro podrás descubrir más nuevas cosas sobre ti mismo.

Este último apartado te ayudara a que consigas las preguntas con mayor rapidez y en un solo lugar, con el único propósito de ayudarte en tu autodescubrimiento y autoconocimiento.

Veamos el ejemplo de Mario. Mario no tenía idea donde comenzar para encontrar la pasión en su vida. Actualmente es estudiante universitario en la carrera de comunicación. Esta carrera le ofrece un abanico de opciones laborales: periodismo, literatura, diseño, fotografía, cine, radio, edición; en fin, todas estas opciones le abruman demasiado y le causaban mucha ansiedad.

Sentía que el tiempo se le terminaba y tenía que tomar una decisión. Un amigo cercano le recomendó este libro. Al principio, Mario estaba algo escéptico a la utilidad de un libro como ayuda en su vida y en la búsqueda de su pasión, pero al sentirse muy perdido, accedió.

A Mario termino fascinado por el libro. Se percató que no son cosas al azar o inventadas, sino que tienen mucho sentido todos los consejos y herramientas que han salido de las experiencias y vivencias de otras personas, muchas de las cuales comparten una situación similar a la de Mario. Al terminar su lectura y los ejercicios, se sentía completamente seguro de encontrar su pasión. Al hacer un repaso por su vida se dio cuenta del amor que le tiene a las películas desde niño. Entonces se dedicaría a investigar y estudiar más sobre el cine. Inmediatamente se acerca a la teoría cinematográfica, consiguió libros, vio videos, se inscribió en diplomados de guionismo y empezó a investigar en dónde estudiar una maestría en cine.

Sin embargo, debido a ciertas situaciones de la vida cotidiana, volvió a dudar un poco de su autoconocimiento y, por lo tanto, de la pasión que había descubierto. Regreso a este libro, repaso sus capítulos favoritos y volvió a responder las preguntas reunidas en este último capítulo.

No pensé que descubriría nuevas cosas: Mario estaba seguro otra vez por su pasión hacia el cine, pero ahora descubrió algo más. Lo que más amaba del cine era el guionismo. Ahora Mario quiere ser guionista cinematográfico.

Así como Mario, es completamente normal que surjan dudas respecto a tu elección y pensamientos que ya estaba seguros. El autodescubrimiento es constante y continúo: De seguro cada vez encontramos nuevos aspectos sobre ti y tu pasión. Algo que nunca debes perder en este proceso es la constancia, el amor propio y tu visión sobre ti mismo. Y ten en mente que: ¡Es normal tener dudas! Eso así, recuerda que cualquier duda puede ser superada solo si te lo propones. Una vez más, disfruta el camino por el cual te guiaran estas preguntas:

1. Para mí, una vida apasionada se parece a...
2. Cuando estoy viviendo una vida apasionada, me sentiré...
3. Las creencias limitantes que tengo son...
4. ¿Qué me frena?
5. Lo que más me gusta hacer es...
6. Los tres principales pasatiempos que tengo son...
7. En lo que destaco es...
8. Las causas que apoyo activamente son…
9. ¿Por qué quiere pagarme la gente?

10. La persona (o personas) con la que puedo compartir mis intereses es...
11. ¿Estoy haciendo lo que el mundo necesita?
12. ¿Qué es lo que más me motiva o impulsa a tener éxito?
13. ¿Cuáles son las cinco palabras que más me describen?
14. ¿Qué me hace único?
15. ¿Qué es lo que más valoro?
16. ¿En qué miento? ¿Por qué?
17. ¿Soy una persona que asume riesgos?
18. ¿Soy una persona paciente?
19. Cuando era niño, me gustaba...
20. Cuando era más joven, quería llegar a ser...
21. Ahora mismo, lo que me entusiasma es...
22. Pierdo la noción del tiempo cuando...
23. Me encanta leer, investigar o soñar despierto sobre...
24. Lo que más me divierte es...
25. Si pudiera hacer una cosa durante el resto de mi vida, ¿qué sería?
26. ¿Me encantaría? ¿Con qué facilidad me aburriría?
27. Si no existiera el dinero, ¿qué haría con mi tiempo?
28. ¿Qué me resulta fácil?
29. ¿Cuál es mi elemento?
30. ¿Cuáles son mis puntos fuertes naturales?

31. ¿Cuáles son mis puntos débiles? ¿En qué tengo que trabajar?

32. ¿Qué dicen los demás de mí?

33. ¿En qué me gusta ayudar a la gente?

34. ¿Qué me provoca?

35. Me hierve la sangre cuando pienso o hablo de...

36. Si se pudiera cambiar el mundo, lo primero que cambiaría es...

37. ¿Qué pasiones tengo que me provocan?

38. ¿Qué haría si no tuviera limitaciones?

39. ¿Qué es lo que he querido hacer, pero no lo he hecho por miedo?

40. ¿Qué pequeños pasos puedo dar ahora mismo para convertir mi pasión en una profesión?

41. ¿Cuáles son los diferentes campos que rodean mi pasión?

42. ¿Qué campo me interesa?

43. ¿En qué seré bueno?

44. ¿Qué habilidad de esta carrera que me apasiona se me daría bien?

45. ¿Qué es lo que deseo secretamente pero siento que no puedo tener o lograr? ¿Por qué?

46. Si no tuviera miedo de lograrlo, o si lo tuviera, ¿qué haría con él?

47. Si diera pasos ahora mismo, ¿dónde estaría dentro de cinco años?

48. Si no doy pasos para enfrentarme a mis miedos, ¿dónde estaré dentro de cinco años?

49. Si supiera que no hay posibilidad de fracasar, ¿cuál es el siguiente paso que daría?

50. Si tuviera la completa seguridad de que voy a tener éxito, ¿qué paso adelante daría?

51. Un nuevo deporte que puedo probar sería...

52. Un nuevo hobbie que me gustaría adoptar ahora es...

53. ¿Qué puedo hacer este fin de semana que esté fuera de mi zona de confort?

54. Un lugar al que me gustaría viajar es...

55. Un pequeño paso que puedo dar ahora para encontrar oportunidades de voluntariado es...

56. Lo que siempre he querido aprender es...

57. Mi objetivo en un año es...

58. ¿Qué puedo hacer para que mi pasión sea un elemento de mi vida?

59. ¿Cuáles son los pasos que debo dar para convertirme en uno con mi pasión?

60. ¿Cuál es mi objetivo final?

61. Si continúo, ¿dónde estaré dentro de 5 años? ¿10 años? ¿20 años?

62. ¿Cómo me sentiré con esta pasión en mi vida?

Conclusión

PRIMERO QUE NADA, te agradecemos la lectura, puesto que este libro no sería nada sin ella. Esperamos haberte ayudado a encontrar tu propósito en la vida. Recuerda que este solo es el comienzo del viaje, no tiene por qué terminar aquí. Mantengamos este ritmo. Cuando encuentres algo que te apasione, no te detengas. Y no solo nos referimos a la pasión, sino a todo. Cuando encuentres el propósito, el control, la confianza o el amor, sigue dando lo mejor de ti. Sigue preparándote para ser el mejor en lo que te propongas. Ten confianza en ti mismo y recompénsate. Se resiliente y abraza un sinfín de posibilidades.

No tiene por qué acabar aquí, sigue adelante e incluso selecciona otro libro de autoayuda. Sigue aprendiendo y sigue creciendo. Es una manera segura de permitirte ser feliz.

Una vez que te sientas listo para adentrarte en hacer tu vida mejor, siempre puede ser mejor. No tengas miedo de ahuyentar esos miedos, mantente optimista. Recuerda que el miedo y el fracaso traen muchos aprendizajes, que te ayudaran a crecer en lo que eres ahora y en lo que serás después. Cada ser humano tiene un propósito, así que ten la mente abierta, mira hacia fuera y encuéntralo.

De todo corazón, esperamos que hayas aprendido mucho con este libro. Esperamos que te vayas encontrando y poniendo en práctica todos los consejos y estrategias que se han propuesto aquí. Siempre ten tus notas a la mano y te recomendamos ponerlo en práctica a partir de hoy. Si, como Mario, te llega un momento de duda y desesperación, siempre puede volver a este libro y hacer de nuevo los ejercicios. Nada llegara solito a ti sino primero no vas detrás de ello. Somos el producto de nuestro entorno.

Depende de nosotros poner en práctica las habilidades que aprendemos en nuestra vida cotidiana. Depende de nosotros convertir nuestra vida como fuente de inspiración para otros. Nuestra vida deberías ser tan ejemplar que podría escribirse un libro y estar en boca de todos. Te aseguro que todas las personas son artistas: su mayor obra de arte en su vida misma. Así que no temas ser un gran artista. ¡Toma riesgos! Cada uno tiene un espacio en este museo que es el mundo.

Todos tienen un lugar para poner su obra a la vista de otros. De nosotros depende levantarnos y tener éxito.

Solo entonces podemos llevar una vida plena de autorrealización y orgullo.